若者の働く意識はなぜ変わったのか

企業戦士からニートへ

岩間夏樹 著

ミネルヴァ書房

はじめに

格差社会という言葉を聞かない日はない。かつての総中流社会が壊れ、今や、「勝ち組」と「負け組」とに分断された格差社会になったというのだ。本当だろうか。この言説は、久々にわかりやすい社会像が出現したと思い込む「はしゃぎ屋」から発信される傾向があるように思えてならない。そこまで話は単純だろうか。

そもそも総中流社会とは何だったのだろう。我々の記憶力は意外にあてにならない。ついこの間まで自分がどのような社会に生きていたかを、きちんと覚えているだろうか。回想は美化される。覚えていたとしても、はたして正しく認識されているのか。

総中流社会を、ライフスタイルの五五年体制と読み替え、その本質がいかなるものだったかを、まず考えてみる。そしてそれが変化したとするなら、どのように変化したのか。総中流社会とは、現実として大多数の人々が均質な経済水準にあった社会なのではなく、大多数の人々が同じ生活様式と同じ生活意識をもっていた社会というほうが正しい。現実にある格差があまり気にならなかったのは、どの所得水準にある人も、おしなべて、今後もっと豊かになることが期待できたからだ。統計的に見れば、総中流「意識」社会ではあっても、総中流社会では決してなかった。収入の格差について言うなら、それは常に厳然としてあった。

つまり、総中流社会から格差社会への変化は、客観的な実態に起きたのではなく、むしろ、我々の意識の中に起きた現象だと言える。

このことを考えるにあたって格好の素材がある。企業戦士とニートだ。ライフスタイルの五五年体制を象徴するのが終身雇用サラリーマンなら、ポスト五五年体制を象徴するのがニートだ。ニートは確かに若者全体から見れば少数派だが、その意識は若い働き手の多くに地続きになっている。それぞれの意識の特徴の背景にあるものは何だろうか。

企業戦士とは終身雇用制の枠組みによって守られ、長期的に安定した生活を営むことができた生活者のことだ。それは企業戦士に限らず、商店主や農家、自営業者などにもさまざまな形で類似の枠組みが作られ、似たようなライフスタイルが営まれた。一時は国民の九割近くがもっていたといわれる中流意識とは、このような生活保障の枠組みに守られた人々の共通意識だった。

このシステムは経済の拡大期には維持できるが、水平飛行になったとたんに効率の悪い「重い」システムになる。平成不況の中で、次第に、その恩恵は削られていった。すでにそのシステムの内側にある人々から、約束された恩恵をはぎ取ることには多大な抵抗を予想しなければならない。一般にリストラと呼ばれるはぎ取り作業もしぶしぶ進めつつも、むしろ、新規に恩恵を与える約束をしないことに注力するケースが目立った。すでに着ているコートを脱がすことにくらべれば、コートを着ていない人に与えないでいるほうがずっと楽だ。

そのようにして増加していったのがフリーターやニートなのだが、彼らがそもそもコートをあまり切実には必要としていなかったという側面を見逃すわけにはいかない。敗戦によって生活危機に陥った日本国民が、先進国の生活水準にまで駆け上るプロセスにおいては必要であり、ありがたくもあったぶ厚いコートは、郊外の庭付き一戸建てを人生の出発点とする若い世代には、いささか重すぎるコートなのだ。早期退職や就職浪人の増加など、仕事という人生の経済基盤に就くにあたって、昨今の若者たちがどこか切実感に乏しい傾向があるのはそのためだ。

これまで長く終身雇用制と定期一律一括採用がセットにされてきたことによって、我々は若い世代の経済的自立についてあまり大きな関心を払わずにすんできた。しかし、それは高度成長期から平成不況に入るまでの数十年間の幸福な例外であって、今後は「若者たちをいかに自立させるか」にさまざまなサポート体制が必要になる。

思えば、かつて社会は若者を一人前の人間にするためにかなりの配慮と労力を払ってきた。奉公先は近所の顔役的な年長者や親戚の紹介で決まることが多かった。職人の親方たちは使えない若手を根気よく育ててきた。武家や商家において当主が早めの隠居を望む傾向があったのも、このような若者を育てるための習慣の一つだっただろう。

地域社会や血縁関係が存在感を失い、人間同士の互助的な関係があまり期待できない昨今の状況では、若者の自立支援も行政がお膳立てをする必要があるのだろう。そこにはなけなしの税金が投入されている。おのずと限界がある。若者はほったらかしで一人前になれるわけではない、ということを意識することが肝要だが、行政的な支援だけでそれをまかなうこともできない。どこかに互助的な人間関係が必要になってくる。

そして、この「互助的な関係」をどこに求めるかということが、若者たちの自立の問題に限らず、ライフスタイルの五五年体制「以後」の時代の、日本の社会の中心的な課題となるだろう。セーフティーネットの必要性はしばしば指摘されるが、もっともベーシックなセーフティーネットとしての「互助的な関係」をどのように確保するかを真剣に考えなければ、結局、行政的な支援だけが膨張していき、それは消費税三〇パーセントといった窮屈な社会を招くことになりかねない。

かつて我々がこの「互助的な関係」を「うっとうしいムラ社会的なもの」としてあっさりかなぐり捨てたのは、苦い経験が多々あったからだ。濃密な人間関係は利害や感情のもつれの温床だった。しかし、それは逃げ道のない生まれながらの地域社会や、途中で「降りる」ことが難しい終身雇用制のカイシャだったからで、今の我々の基本的な人間関係のフォーマットからすれば、それほど恐れることなのだろうか。「うっとうしいムラ社会的なもの」から脱出して、我々はどういう生活空間をもったかと言えば、「孤立した核家族」だったわけで、少なくともそこで生き続けるよりはましなのではないだろうか。

この数年、ワーキングプアどころか、ワークすることさえ困難な若者たちを観察する機会を得た。周囲のさまざまな支援とトレーニングによって仕事を得たとしても、そこに定着することに高いハードルがある。もともと日本の職場はかなりタフな人間にあわせて設計されているのだ。そして、そこに人材や労働というものが急速にコモディティー（日用品）化していきつつあるという現実がある。それは悪循環から抜け出ることができないニートがかろうじてありついた仕事にだけ起きているのでなく、次第にホワイトカラーや、かつてはエリートの仕事とされていた分野にまで起きつつあるように思える。そんな中で、我々がどのように生きるべきか、を真剣に考える必要がある。

二〇一〇年一月

岩間夏樹

若者の働く意識はなぜ変わったのか
――企業戦士からニートへ

目次

はじめに

目　次

第1章　若者は社会の変化に適応できるか

ただいま革命中？——変化は気づかないうちに

ごくあたりまえの日常の中でも社会は変化していく。今、この社会に起こりつつある変化は、やはり、革命といういささか大時代な言葉で考えるべきなのだろう。ピューリタン革命や、フランス革命や、またロシア革命など、「革命」という大看板を背負った歴史はたくさんある。そういった歴史がもつ血なまぐさい派手さはないが、今、我々が経験している変化もまた、一つの革命と言えるように思える。

派手さがないとはいうものの、たとえば、現在「フランス革命」と総称されている一連の現象がまさに進行中の渦中にあった時、一体どれだけの人が事の本質を見抜いていただろうか。時々バスチーユ襲撃や国王の処刑といったエポックが起きる時以外は、案外、庶民の日常生活は平穏に過ぎていたのではないだろうか。歴史としてフランス革命を知っている我々と、その時代を実際に生きた人々とはまったく視点が違っている。なんといっても、我々はフランス革命の結末を知っているのだ。

革命は政治的に見れば政権の移動のことだが、文化的に見れば、古い価値観が捨てられ、新しい価値観が発見され定着することだ。新しい価値観のもと、新しい社会の枠組みとルールが出現する。デモも、暴動も、ギロチンもないが、今、我々のこれまでの生活の枠組み、人生ゲームのルールは着々とほころび、意味をなさなくなりつつある。そこから何が浮上してくるか、まだ、あまりはっきりしない。

何かがじわじわと変化している、という実感はもてても、一体、何がどのように変化しているかを理解することは容易ではない。フランス革命のさなかのパリ市民も同じだっただろう。いや、今、我々が経験している変化の複雑さは、フランス革命の比ではない。大小いくつもの変化が同時並行的に進行している。複合的な変化を体験するのは、いくつかの映画を同時に見ることに似ている。

平穏無事な毎日。つつがなく過ぎていく日常生活の中で、我々の生活の枠組みは静かに変化しつつある。たまに伝えられる物珍しい現象――一流企業のサラリーマンがある日突然に生活困窮に陥ったり、鉄壁の秩序を誇っていた官僚組織が腐敗していたり、長年にわたって信頼されてきた食品ブランドが偽装まみれだったり、モノの豊かさにあまり関心をもたないフリーターやニートが増えたり――それらはあくまでバラバラの、いわゆるニュースとして消費されていく。相互に関係をもったものとして意識されることはあまりない。

社会現象をバラバラにとらえているだけでは見えない世界がある。一つ一つの社会現象について記述した出版物は数多くあるが、我々が今生きている環境を一つの全体像として描くものは少ない。ひきこもりや、ドメスティックバイオレンスや、不況や、自殺についての本はいくらもあるが、それらの相互関係について述べたものはあまり見かけない。

一見、無関係に思える社会現象どうしがどのような地下水脈によって関係しているのかを丹念にとらえ、ある一つの一体として考える。そこから、今、我々が経験している複合的な変化をスケッチする。この論考はそういう試みである。ここに描かれる風景は、相互に錯綜するいくつもの社会現象を、あるものは前景の中心部に置き、あるものは背景の靄の中に置き、またあるものは……と配置しながらとらえていった社会像である。

今、我々が経験している複合的な変化には、我々の社会だけが直面している、日本に特有のものもあれば、いわゆる先進国が共通に経験しているものもあれば、また、人類全体が同時に経験しているものもある。

後に述べる「ライフスタイルの五五年体制」を卒業し、新しいライフスタイルをもつようになる。これは現在の日本の社会に特有の変化だ。これに付随する現象として、緊密な人間関係のネットワーク、たとえば血縁関係や、地域社会や、職場のつながりなどを、自分の生活のサポート体制として頼りにする感受性が薄れ、自分の力でなんとか自立しようという意向が強まるという変化も、今、それを経験しているのは我々だけだろう。アメリカの都市民も、それに近い変化を経験したが、もう少し早い時期だったようだ。

産業革命以来の、大量生産と大量消費とが車の両輪のようにシンクロする近代の産業社会の枠組みが行き詰まりを見せている。この変化は、いわゆる先進国に共通に見られる変化だ。モダンからポストモダンへの変化と言ってもいいだろう。しかし、どうも、我々はその変化を最先端で経験しているような気がする。

冷戦が終わり、軍事にかかる費用が軽くなり、しかも、中国とインドが世界の工場になることで生産コストが下がる。これに対する反応は社会によってさまざまだが、このような変化自体はワールドワイドなものだ。人類全体がなにがしかの影響を受けることを免れないだろう。

ざっと見ただけでも、我々は、これだけの変化を一度に経験しようとしているのだ。それがいかに空前絶後のことか。この変化に敏感に適応し、自分の生活の舵取りを誤りなく調整することなど、そもそも無理な話のような気がする。どこを探しても参考になる資料やお手本はない。我々は自分の知恵でそれをなんとかのりきらなくてはならない。空前のチャレンジに我々は直面している。

飢えと欠乏のメランコリー

歴史の教科書はある時期をとらえ、それ以降を近代、以前を前近代といった具合に区切ってみせる。しかし、だからといって現実の我々の社会のありようは、ある日を境に一変するものでもない。また、常に一定の方向へ一本調子に変化していくものでもない。行きつ、戻りつしながら、ゆっくり変化していく。

二一世紀にもなって、気がついたら、我々はとうの昔に捨てたと思っていた不安にとらわれたままでいる。欠乏に対する不安、飢えに対する不安を、いまだ多くの人々が精算できずにいる。いや、それは血の出るような奮闘努力のあげく、一度忘れかけたものだった。しかし、オイルショックやら、バブルの崩壊やら、そんな大きな話でなくとも、為替が多少円高に振れたとか、いや円安に振れたとか、凶悪犯罪が増えたとか、なにかちょっと事あるごとに、我々は欠乏に対する不安、飢えに対する不安にとらわれてしまう。たとえそれが欠乏や飢えとは関係のない現象であっても、ハイな気分とローな気分との間の行きつ、戻りつになる。何が起きても我々はたやすく憂鬱でメランコリックな心情にとらわれる。マスメディアの悲観的な反応がそれを増幅させる。落ち込みやすい国民性。国民的鬱気質。このセルフイメージを認識しておくことは非常に大切だ。

さまざまな既得権益のネットワークや、過剰に手厚い生活のサポート体制をなかなか精算できずにいるのは、この欠乏や飢えの不安からなんとか逃れ、せめて自分とその家族だけでも安心して暮らしたいという小心翼々たるメランコリーに由来している。このメランコリーは、当初、つまり、敗戦とその後の混乱の中では、文字通りの欠乏と飢えに対する不安だったが、その後、微妙に複雑化していく。

経済復興が緒につき、あの高度成長期に入ると、周囲がどんどん豊かになっていく。その変化から、自分だけが置いていかれてしまうのでは、というメランコリーにニュアンスが変わる。かつて春闘や、米価闘争が「これでは労働者はやっていけない」「これでは農民はやっていけない」というスローガンのもと、年中行事的に大きく盛り上がった。「やっていけない」というのは「生命を維持できない」という意味では決してなく、ありていに言えば「みんなと同じレベルの消費生活を維持できない」という意味だった。高度成長の波から、自分だけが取り残されてしまうのではないかというメランコリーがいかに根深いものだったかがうかがえる。高度成長のスピードが半端ではなかっただけに、取り残されることへのメランコリーの重みも半端ではなかった。組織された労働者や農民以外の、大多数の企業戦士たちのメランコリーはさらに一層深かっただろう。あの高度成長は国民を豊かにしたと同時に深く傷つけもしたのだった。

戦後、ゼロから再スタートした世代ならそれもわからないではない。まだ日本の経済復興が緒についていない時代を生きた世代ならそれもわからないではない。しかし、このメランコリーは、それよりずっと下の世代にまで、なにやら暗黙の申し送り事項のように伝達された。豊かな時代に生まれ育った世代にまで、親たちはこのメランコリーを注入し続けた。――将来困るぞ。――後々後悔するわよ。そう言われ続けて育ったのが今の日本の若者たちだ。

ここへきてフリーターが増えたのは、そのメランコリーにさすがに疑念をもって、おずおずと親世代とは違うライフスタイルを試み始めた世代の出現を物語っている。とはいうものの、我々の社会のシステムは、この欠乏メランコリーを前提としてすみずみまで精密に設計されている。政府は国民のメランコリーを平然と放置するほどの勇気はもちあわせなかったし、それなりに手厚く対応しておくほうが、政府にとってもいろいろと都合がよかった。高度成長期にあって、組織の肥大化は企業だけでなく、行政組織においてもおおいに歓迎すべきことだったのだ。こうして、時間をかけて精密に、かつ強固に組み立てられたシステムに、ぽっと出のフリーターなど、太刀打ちできるわけがない。よほどの覚悟と能力をもった、恵まれた若者だけがフリーター的ライフスタイルを貫徹できるのだ。多くの平凡な若者たちは、もはやありもしないメランコリーのプレッシャーに耐え切れず、結局、親と同じメランコリックなライフスタイルを送ることになる。

フリーライダーとフリーター

七〇年代半ば、日本の社会が、いわゆる先進国なみの豊かさを実現すると、このメランコリーはまた、内容を変化させる。社会が豊かさのステップをさらに一つ上昇させたため、分け前の額が半端ではなくなってきた。公共事業や各種補助金制度が象徴する、弱者への援護策として構想された諸制度が、膨大な富の再配分システムに変化し、さらに、うまくたちまわった人にとっては富を増殖させる〝おいしい〟システムにまでなったのだ。こうなると、目立たないように豊かにならねば、という思いが現れる。それでいて、人に後れをとることにはひきつづき強い抵抗感があるので、その心情は複雑だ。できる限り豊かでありたいが、かなうことなら、あまり目立たない形でぬくぬくとしていたい。軽蔑もされたくないが、嫉妬もされたくない。メランコリーの形態としてはいささか奇妙だ。自分が実際の働き以上のものを得ているという後ろめたさが多少はあったのだろう。後に述べるフリーライダーなる存在は、こんなところから次第に増殖していった。このメランコリーは、率直な自己呈示がひどくリスキーなものであるという懸念を広く日本人に刷り込んだ。

カモフラージュされた組織があちらこちらに増殖し、生存可能性を高める秘められた営みが続けられる。どんなに非難したところで、その恩恵にあずかっている人々は、おそらく、それを悔い改めることはないだろう。彼らは、飢えや欠乏をめぐるメランコリーを軸とする一種のカルトであって、何が悪い、と居直られてしまうのがオチだ。巧妙な擬態にかくれて、小さな「しあわせ」をあくまで守ろうとする。その「しあわせ」たるや、たかだか、あまりあくせくせずとも人並みか、それ以上の年収が期待できたり、たかだか年金がやや多めだったりするというだけのことなのだが。

彼らにとって致命的なのは、擬態で守られたシェルターに、なんとしてでもしがみつこうとするメンバーが減っていくことだ。しがみつく動機が飢えや欠乏に対する不安にあるならば、まがりなりにも世界第一級の豊かさをもった社会に生まれ育った若い世代は、胃潰瘍になるような苦労までして、さらには、人にあれこれ後ろ指をさされたりしてまで、ちょっとばかり人より豊かな生活など、別にしたくないと感じるようになる。それが大人たちには脅威だ。大人たちから見れば、フリーターやニートは、しがみつくことからあっさりと降りてしまった裏切り者なのだ。食品偽装の問題が噴出した時、会見にひきずり出された経営者である〈親〉が、なんとか体面を保とうと必死になるのに対して、経営を補佐する者として同席する〈子〉がすっかり醒めてしまっていたことがあった。

フリーターは、というか、フリーター的な精神は、巧妙な、そして切実な擬態をいとも簡単に無意味なものにしてしまう。だから大人たちはフリーターを嫌悪する。昆虫などに見られる擬態は、それによって生存可能性がなにがしか高まるがゆえに生じたことだ。飢えや欠乏という天敵が、もはや、それほど恐れるに足らないと感じることが、より巧妙で、かつ、おいしい特権に満ちた「擬態」をめざす競争にブレーキをかける。

ある世代より上の日本の男たちには、どこか無頼を気取る気風があるように思える。韜晦趣味《とうかいしゅみ》というか、どことなく、俺は川原の枯れすすき、なのだ。もともとインテリヤクザの気風の強いマスコミ業界はもちろん、金融業界や、メーカーのエンジニアにも決して少なくない。不思議なことに、これは高度成長期に入ってから生まれた世代にはあまり感じたことがない。世代が下になるほど、この傾向は薄れていくようだ。戦争体験のせいだろうか。いや、純粋な戦後世代である、昭和二〇年代生まれの団塊世代の男性たちにこそ、無頼を気取る気風は逆にかなり目立つ。おそらく欠乏感や飢餓感の体験をもつ男たちの気風なのだろう。だから「豊かな時代」に生まれ育った下の世代の男たちには、この種の心情はあまり見られない。

一時は「フリーター四〇〇万人時代」などと言われた。数字の正確さはともかくも、こういった現象は、なによりも、切実に働かなくても、そこそこの生活をしていける社会状況の影響が大きい。飢えの恐怖がなくなった今、高望みしなければ、風通しの悪い組織の中で右顧左眄《うこさべん》して一生耐える必要などないのだ。若者たちはそのことに気づいてしまった。我々の根っからの勤勉さだと思っていたものは、なんのことはない、飢えの不安から少しでも遠ざかるための必死のはばたきだった。我々の持病である欠乏メランコリー症は、フリーターが目立つようになった頃から、ずいぶん緩和されつつある。逆に欠乏鈍感症が心配なほどだ。

フリーター世代の中核は団塊ジュニア世代だ。彼らの親世代は、そんな悠長な生活をすることは許されなかった。一人、集団就職列車に乗って都会へ出て、身を粉にして、耐えて、耐えて、さらに耐えて、ようやく大都市郊外のそこそこの生活を手に入れた世代だ。それも親に仕送りをしたり、弟妹の学費を負担したりしながら、である。社会がもっている基本的な豊かさというフォローの風が期待できない時、精神的、肉体的な負荷は極大となる。それになんとかうち勝ってきたのが団塊世代までの、「無頼を気取る」男たちである。どこか飄々としたフリーター的な精神とは、この無頼を気取る気風の対極にあるもののようだ。

とはいうものの、本当にみんなが必死になって働いたのは七〇年代半ばくらいまでで、ここまでが産みの苦しみの時代。反対に、ここから先はかなり楽になって、ある程度達成された豊かさを前提に、さらに一層の成長をした時代。いわば慣性の法則の恩恵で、さほど必死にならなくてもよかった時代である。この頃から次第に増えていったのが、豊かさの慣性に「タダ乗り」する人々、あるいは組織だ。

生産活動という意味ではあまり実質的な仕事をしていないにもかかわらず、豊かさの階段を順調に登っていける人が出現する。経済成長の波に身を任せているだけなのに、生活水準が上昇していく。そういうフリーライダーは、個々の組織の中にも増えていったし、ある組織自体がそもそもフリーライダーであるという現象も見られるようになっていった。

そんなヒマ人は見たことがないと思うかも知れない。この現象のややこしいところは、本人が「自分はフリーライダーである」という自覚をもつことが難しいことだ。自分の擬態に自分でだまされてしまうのだ。朝から晩まで、雑務に追われ、席の暖まる暇もない。それが日本のサラリーマンの姿だ。しかし、なぜ多忙なのかをよく考えてみると、それは実質的な生産活動のために多忙なのではない場合が多い。

「調整」と言えば聞こえはいいが、そんな面倒なプロセスが必要なのは、組織の設計に問題があるからだ。にもかかわらず、それが放置されている。「会議」と言えば聞こえはいいが、十数人の出席者の貴重な数時間は、上に立つどなたやらの虚栄心を満足させるために浪費されているのではないか。「研修」と言えば聞こえはいいが、数十人の休日を挟む二泊三日は、上に立つどなたやらの顔を立てるためだけに費やされ、あわせて、勢いに任せて手に入れた保養所なる無用の長物のわずかな有効活用の機会にしかなっていないのではないか。

今、三つの例を挙げたが、最初の例は組織の仕組み自体に問題がある場合。後の二つの例は、日本の組織に往々にしてあることだが、誰か（たいていは上に立つ人だ）の感情を満足させるために、多くの人が時間とエネルギーを浪費するケースだ。社会学の用語で言えば、日本の組織は「感情マネジメント」に重きが置かれているということになる。メンバーが感情的に安定していることは、その組織の活動を円滑にする作用があるのだが、これ自体が目的となると、肝心の生産活動のほうにブレーキがかかる。まして、多くのメンバーの犠牲のもと、一握りの人の感情だけがケアされるという姿はいささかグロテスクだ。上に行けば行くほど責任が重くなるのではなく、快適な気分で過ごす権利が拡大するのが日本の組織だ。それは、それぞれの地位の椅子が暗示している。ただの事務椅子に、肘掛けがつき、白いカバーがつき、クッションが厚くなり、張地がビニールから布、そして合成皮革へと変化する。人々がさして快適でもない合成皮革の椅子をめざして熾烈な競争をするのは、周囲から感情をケアされるというとてつもない快適さがともなうからだ。

概して、経営が安定し、ゆとりのある企業において、この地位の上下と感情ケアの相関性が色濃く見られる。あるいは市場での競争力で優位に立っている企業よりは、政治力、伝統などの市場競争力以外の要因で経営を成立させている企業に色濃く見られる。「ウチの会社はお役所だから」と自嘲まじりのセリフを聞くことがあるが、そういう会社の特性である。そして、当然のことながら、市場競争の枠外にいる組織——行政組織やその外郭団体——に目立つことは言うまでもない。

こういう非生産的な組織には何らかの自浄作用が働くか、あるいは淘汰されて組織そのものが消滅するのが普通なのだが、日本の場合、そういう作用が働きにくい。例の終身雇用制のせいで、職場はとりもなおさず生活の基本的なサポート体制になっているからだ。スクラップ・アンド・ビルドという言葉が示すように、機能集団はその役目が終われば解体され、そして、新たな目的のために、新たな組織が形成される。しかし、職場を解体することに非常に大きな抵抗感のともなう社会では、ビルド・ビルド・アンド・ビルドで、あげく、なんら機能を果たさない、単なる生活共同体としての意味しかもたない組織が山積されることになる。いっぱしの機能集団を装いながら、実は、ほとんど機能していない組織が山ほどある。あるいは組織の中に、そういう個人が多数含まれている。それがフリーライダーだ。彼ら、あるいは、その種の組織は、豊かさの慣性に身を任せているだけなのだが、この社会の堂々たる中流の生活を維持できている。成長期を過ぎ、豊かさの慣性を失いつつある我々に、もはやフリーライダーに鷹揚にかまえている余裕はなさそうだ。

フリーライダーをやっつけろ

フリーライダーたちは、俗世に首までどっぷりつかったうえに、なんとか楽に自分の生活を守ろうと汲々としている。それを多少なりとも恥じるところがあればまだかわいげがあるのだが、さらに無頼を気取る連中までいるのだ。

考えてみれば、これもまた巧妙な擬態なのだ。機能集団のふりをした生活共同体。多忙なサラリーマンのふりをした俗っぽいぐうたらフリーライダー。しかも本人がそのことを自覚していない。自覚のない擬態は見破るのが難しい。自動改札機が普及する以前のことだが、キセル行為は、当人に犯意がある場合にはベテランの駅員にやすやすと露見してしまう。どこかびくびくしていたりするのをプロは敏感に察知する。しかし、うっかり料金不足で改札を出てしまう場合には案外気づかれない。この種の擬態は本人に自覚があまりないだけに、始末が悪い。

今、さまざまな場面でフリーライダーが増殖しにくい環境を作る工夫が試みられている。大規模な公益事業組織を分割したり、民営化したりするのは、その代表的なものだ。さんざん言い尽くされたことだが、なぜそれがフリーライダーを排除することにつながるかと言えば、公的組織には自滅する仕組みがなく、これが非効率を温存することになるからだ。民間企業には倒産などの破綻のシナリオが制度化されており、多少の抜け道はあるようだが、基本的に、ある限度以上に非効率的な組織は自動的に破綻し、淘汰されるようになっている。

だいたい人間はほうっておけばできるだけ楽をしようとするもので、ソビエト崩壊の原因もそこにあった。創意工夫など、そうでもしなければ職場から放り出されるか、職場そのものが消滅するくらいのギリギリの瀬戸際にならなければ、まずもってするものではない。プロジェクトXというテレビ番組があった。終身雇用制の枠組の中でもあれだけ粉骨砕身したではないか、とプロジェクトXのファンの中高年世代は言うだろう。だが、あれも瀬戸際のふんばりだったのだ。終身雇用制を成立させていた成長期のゆとりが、数多くの企業内失業者を抱えることを許していた。プロジェクトXのストーリーは、いったん企業内失業に追い込まれた人々の雪辱戦であることのほうが多かった。

存亡をかけた創意工夫を強いられることで、フリーライダーはその生息圏を次第に失いつつある。かつて無愛想とぶっきらぼうの代表であった国鉄の車掌も、多少時間はかかったが、いまや、ファーストフード店のアルバイト店員くらいにはスマイルを見せる。

学校の先生はなにかと言えば批判の対象になる。その批判は教師という職種に向けられたものというよりは、公務員というフリーライダーの巣窟になりやすい立場に向けられたものである場合が多い。学校基本調査によれば平成一九年の小学校の教員数は約四一万人。そのほとんどが公務員教師で、私立校の小学校教員は三九六一人にすぎない。いわゆる「ゆとり教育」が失敗したのは、新しいことにはとかく抵抗感を示すフリーライダー的な教師の暗黙のサボタージュにあったせいではないかという疑念を払拭できない。一部に見られる、公立小中学校の、学区制から自由選択性への移行は、公務員教師のスタンスを大きく変えるだろう。黙っていてもおのずと入ってきた生徒ではなく、いろいろと創意工夫をし、それを評価したうえで入ってくれた生徒たちだ。生徒数が一定水準以下になれば廃校になる。もちろんだからといってその学校の先生が失職するわけではない。しかし、廃校にしてしまった経歴は決してプラスになるものではない。できれば、なにがしかの成果を挙げたチームの一員でありたいだろう。これだけでもずいぶん違う。存亡をかけた創意工夫に追い込むことでしかフリーライダーを駆逐することはできない。

高度成長期と、その後、オイルショックによる短い停滞期を挟み、バブル崩壊までの経済拡大は、それ以前の社会像とは隔絶した「豊かな社会」をもたらした。それは二つの現象をもたらした。一つは、組織であれ、個人であれ、この豊かさの慣性に身を任せるだけのフリーライダーを数多く出現させたこと。もう一つは、フリーターやニートなる存在を増殖させたことである。怠け者という視点で見てしまうと、両者は近しい存在ということになる。しかし、この二つの存在は、非常に対照的な存在でもあるのだ。

フリーターの中には、高度成長期型の幸福感を卒業してしまっている人々が混じっている。これが興味深いところだ。つきつめれば「所有」にあまり関心をもたない人格である。所有することへのこだわりを克服すれば、親世代と同等かそれ以上の幸福感を、非常に低いコストで手に入れることができる。高度消費社会に生まれ育った世代は、モノに対する関心は非常に強い。反面、親世代のような、それを所有することへの執着はあまりもっていない。

目のくらむような多種多様な商品が手近なところにある環境は彼らにとっても重要だが、それはそこにあればいいのであって、必ずしも自分の手元に所有されてなくても構わない。そういう感覚を身につけている。モノを必ずしも所有とからめないで考える人格が出現しつつある。

所有欲を克服した世代——と一言で言ってしまったが、これは人類史上、画期的なニュータイプである。ありとあらゆる商品が過剰に用意されている、高度消費社会というかつてない宇宙空間での生活は、所有欲という人間の「業」に対してこれまでとはいささか異なる態度を示す人格を形成しつつあるようだ。

所有の意味が変化する

高度消費社会は、必ずしも必要不可欠ではないモノを際限もなく買い続けることを正当化する物語を常に用意してきた。しかし、それもどうやらタネが尽きたようで、人々はこれまでとは逆に、何が消費生活のミニマム・リクワイア（必要最低限の水準）であるかを探求し始めたように思える。豊かな社会、つまりありとあらゆるモノに囲まれた環境に生まれ育った世代はなおさらで、彼らを見ていると、もはや、所有という行為の意味合いが、上の世代とはがらりと違ってしまっているようだ。

所有といえば、対価を負担することで、独占的な支配権を主張することだと考えてしまうが、新しいタイプの所有は、必ずしも法律で言うところの所有権がなくても、必要な時に使用できるだけで十分であったり、はなはだしい場合、そのモノについて知っている、つまり実体のともなわないただの情報だけを所有しているだけでも十分に満足できる場合もある。使用できさえすればいいのであれば、さまざまなものがリースやレンタルでまにあう。いわゆるカタログ誌と呼ばれるものは、かつてはバイヤーズガイドとして利用されていたが、今や、情報誌にすぎない。

そうかと思うと、逆に若い世代が所有することに徹底的にこだわる場合がある。フィギュア、アニメのセル画、ジーンズ、スニーカー、アンティークの腕時計。物はいろいろだが、こういったものに際限もなく金銭が費やされ、所有されていく。一九五〇年代のジーンズのデッドストックは、実用的価値から言えば、通常のジーンズと大差ない。しかし、当人やその周囲の同好の士の間では数十万円という値段がごくリーズナブルなものと考えられている。実用的価値はゼロに近かったり、ごく凡庸であったりだが、所有することの価値が、少なくともある種の人々の間では極端に高い。このようなマニア向けのコレクション・アイテムだけが、一つ一つは小さくはあっても、非常に明瞭なマーケットを形成している（図１－１）。八〇年代の末頃まで、ほとんどの人が、あれこれと理由をつけてさま

図1-1　ロングテール

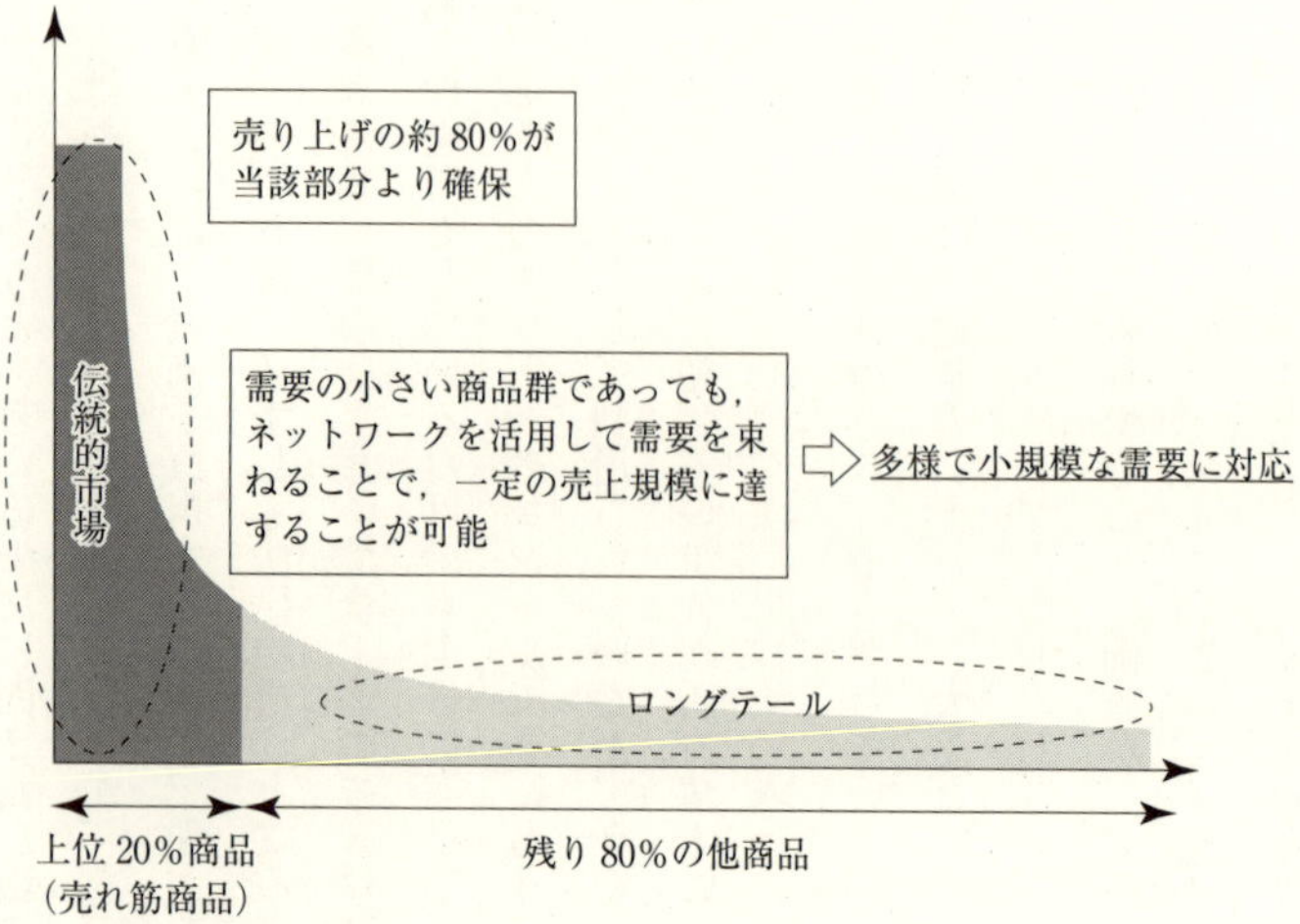

出典：「平成18年版情報通信白書」（http://www.johotsusintokei.soumu.go.jp/whitepaper/ja/h18/index.html）。

ざまなモノを際限もなく買い続けたわけだが、今、際限もなく何かを消費し続けるのは、こういう「マニア」たちだけであると言っても過言ではない。

マニアたちの所有欲が強烈なだけに、普通の人々の所有への関心の低さがくっきりとしたコントラストを示す。携帯電話の普及期によくあったことだが、新規の契約者は、端末機自体は一円であったり、一〇〇円であったり、あるいは無料であったりで手に入る。それでも業者の採算があうのは、使用料が長期にわたって入ることが期待されるからだ。使用者の側でも、所有することよりも、使用することに意味のある商品の価格体系として、非常にナチュラルに受け入れられた。モノそのものではなく、それを使用することに意味のアクセントがあるからだ。

企業経営にあっては、ずいぶん前からリースという制度が根づいている。高価な設備や機器類は、所有してしまうと、いったん資産に計上して、決められた減価償却期間でゆっくり経費計上することになる。ところが同じものをリース契約にすれば、初期投資を節減し、さらに、資産をもつことなく、リース料全額を順次、経費計上できる。スピーディーでフットワークの軽い経営が可能になるわけだ。

自家用車などではすでに個人向けのリースシステムがあるようだが、いまひとつ、一般的ではない。これはまだ自家用車というものが、豊かな生活を象徴する耐久消費財と見られていて、使用価値よりも所有価値が重視されているからだろう。もし、使用価値だけで自家用車が購入されるのであれば、大都市ではほとんど車が売れないだろう。走行距離で課金するような簡便な従量制の車のリースシステムがあれば、所有に対して柔軟な姿勢があり、かつ、いろいろな車を試してみたい、場面によって使い分けてみたい、といったニーズをもつ若い世代をひきつけることができるかも知れない。

所有の意味が柔軟になると、法律的な意味での所有を離れ、モノとの関係のもちかたも多様になる。まず、先に述べた、必要な時に使用しその機能を享受すること。これはすでに所有することと非常に近似した意味をもっている。

さらには、見て手にとること。これも所有の一形態になっている。最近の商業スペースのありかたを象徴するものだ。新築された丸ビルや、六本木ヒルズ、あるいは舞浜のイクスピアリといった、おおざっぱにショッピング・モールと呼ばれる空間は、一種の博物館よろしく、膨大な商品群を「見て歩く」ことが主な目的で、かつてのデパートとはやや性格が異なる。我々は、別に買いもしないものを、ただ眺めるために、喜々としてわざわざ都心や郊外へと出かけていくのだ。しかも、それは難行苦行なのでは決してなく、一つのレジャーたりえている。

さらにはモノについての情報を得ること。これも昨今は所有することに近い意味をもってきている。高度消費社会とは、モノがあふれかえる社会のことだが、同時にモノに関する情報があふれかえる社会のことでもある。商品は必ず情報化され、その情報がマスメディアを通じて社会のすみずみまで流通していく。これまでは、そういう情報がモノに対する欲望を喚起することを期待して、広告担当者や広報担当者は奮闘していた。しかし、今や、それは甘い期待と言うべきだろう。商品に関する情報は、たんに情報としてだけ消費されて完結してしまう場合が多いからだ。知っているけど、そしてちょっと興味は惹かれるけど、別に欲しいとは思わないモノがやたらとある。もちろん、商品は、まず情報として流通しなければ購買されないのだから、広告担当者や広報担当者の仕事量は変わらないが、それが購入につながる「歩どまり」は以前よりずっと低くなっただろう。今や、商品はその情報だけが消費されるという場合があるのだ。

いわゆる情報商品についてはまた違った状況がある。小説などの文字ソフトをはじめ、音楽ソフト、映像ソフトまでがインターネットを通じて地球規模で簡単に流通する時代である（図1-2）。こうい

図1-2　パソコンとインターネットの普及率

(パソコン世帯普及率)

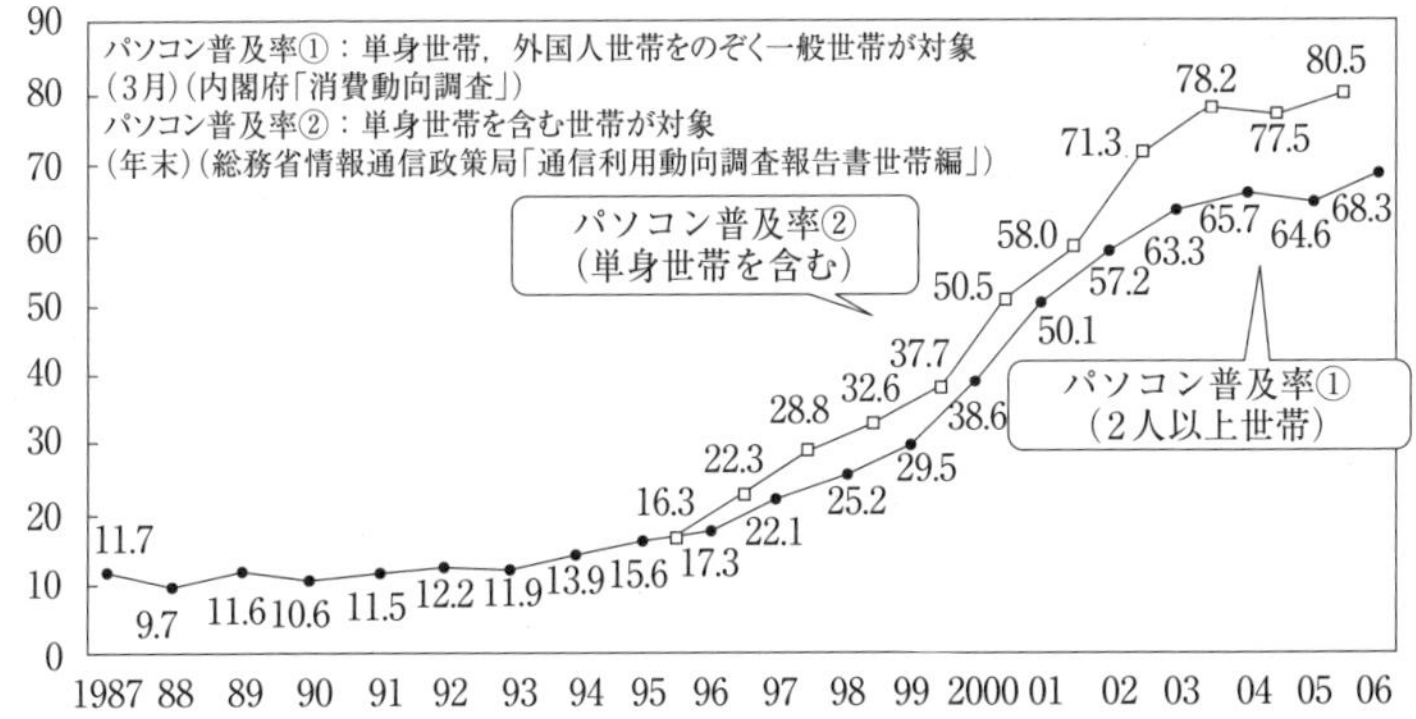

(インターネット世帯利用率の推移)

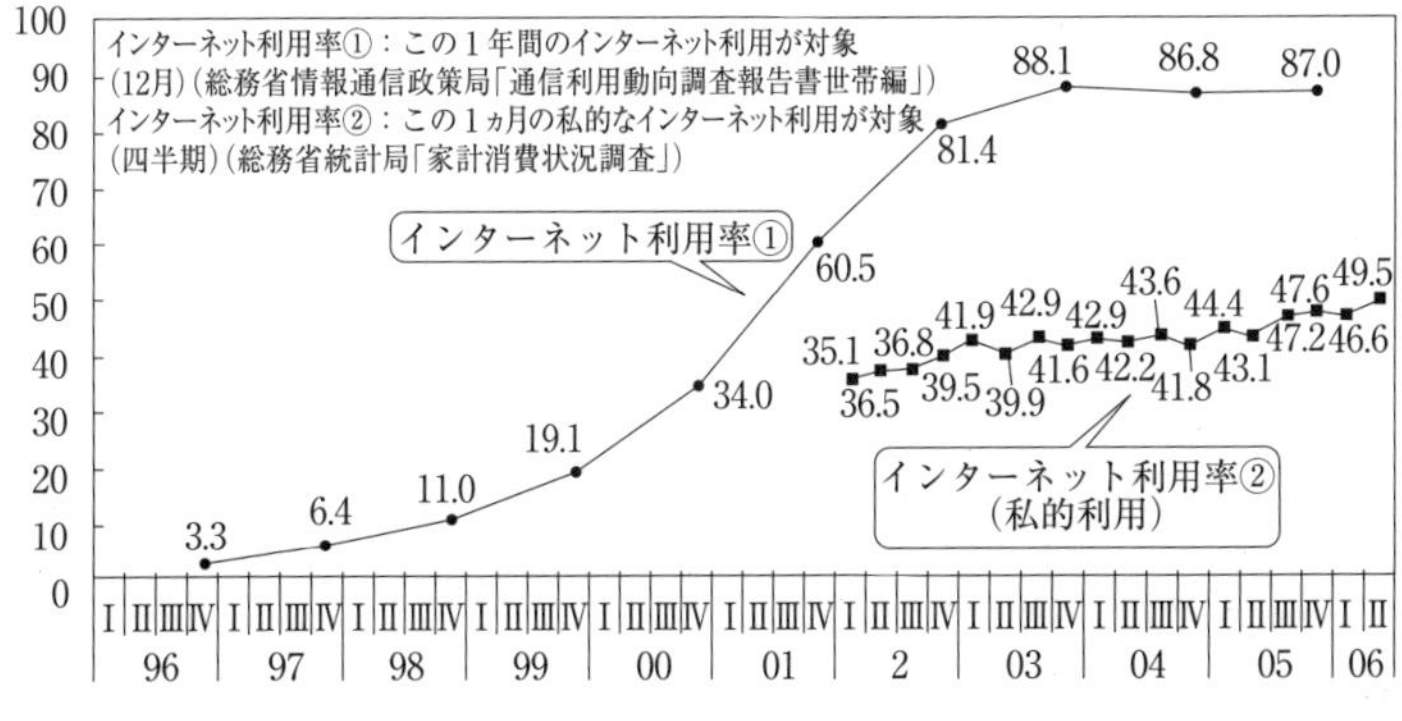

出典：「社会実情データ図録」(http://www2.ttcn.ne.jp/~honkawa/index.html)。

うソフトウェアは、リリースされたとたんに、合法、非合法を問わず、インターネットの世界に投入され、あっというまに世界中の人々にシェアされてしまう。どんなに周到にプロテクトをかけても、世界的なミュージシャンが新しいアルバムを発表すれば、その日のうちに世界中の人々がそのコピーをインターネットから、ほとんどの場合、無料で手に入れてしまう。ミュージシャンはかなりの額の得べかりし収入をあきらめざるを得ない。もちろん、このことで訴訟も起きているし、ミュージシャンたちが「無料ダウンロードは窃盗だ」と意見広告もしている。しかし、ポップ・ミュージックの主な顧客はお金のない若い世代である。タダで新曲を聞けるなら、違法であっても、タダのほうを選んでしまいがちだ。

反面、売り上げを拡大するために、インターネットを通じて無料で部分的な試聴ができるようにすることはごく普通のことになったし、アマチュアや新人のアーティストは、自らをプロモーションするために、積極的にインターネットで自作を無料で公開することも多い。音楽に限らず、創作物一般が、インターネットの世界では、有料の商品なのか、インターネットというコミュニティーの共有物なのか、判然としない状況だ。著作権の切れた小説など、いくらでもネットから無料でダウンロードできる。

パーソナル・コンピューターやインターネットの世界では、昔からシェアウェア、フリーウェアという考えかたがあった。文書作成や表計算、その他ゲームや便利なアクセサリー類のアプリケーション・ソフトを開発者自身が無料もしくは非常に安価で公開し、広く一般に使用させる習慣である。使用感をレポートすることや、感謝のメールを送ることを対価として指定する場合もある。これはインターネットが限られた人々のものだった時代の仲間意識を基礎とする関係である。

彼らの間でマイクロソフト社と、ビル・ゲイツの評判がひどく悪いのは、そういうボランタリーなコミュニティーにビジネスの論理を遠慮会釈なく持ち込んだからだとされる。

パーソナル・コンピューターやインターネットから得られる利便性を長期にわたって維持しようとすれば、それをビジネス・ベースに乗せることが前提だとするのがビル・ゲイツのヴィジョン。資本主義とは少し距離をおくコミュニティーを実験してみたいのがリナックス派やマック派。もっともマックのメーカーであるアップル社はすでにマイクロソフト社の〝所有物〟ではあるが。

この対比においてもクローズアップされているのは所有の感覚だ。あくまで個人や法人の権利に徹底的にこだわり、従来型の所有感覚に立ち、成功すればビル・ゲイツが象徴するような巨万の富を築き、それを成功と呼ぶのか、それとも、それは馬鹿馬鹿しい乱痴気騒ぎで、コミュニティーのゆるやかな所有感に立つべきだと考えるのか。日本の若い世代に私的所有に柔軟な姿勢を示す態度が広まりつつあるのは、このような動向と無関係ではないだろう。

サーカスとしての高度消費社会

これは一つの世界の終わりを暗示している。「モノ離れ」という言葉はずいぶん以前からよく使われたが、多くの場合、モノの面で満たされないことに由来する「モノ離れ」であった。しかし、モノの過飽和によって所有の観念自体が変化するという現象は、人類が長くもち続けてきた基礎的な生活文化に関わる問題だ。

我々はいまだにモノに強い関心をもち続けている。雑誌メディアのほとんどは、編集記事、広告ページともに、今なお商品カタログの姿をしている。便利なモノ、美しいモノ、すぐれたモノ、高価なモノ、安価なモノ、無限に多様なモノ群が、それぞれのメッセージを発信している。我々はそのメッセージを、雑誌を見ながら、ショッピング・モールのショーウィンドーの前で、あるいは誰かが身につけているのを街角で見かけて、ネットオークションのリストを検索している時に、要するに、ありとあらゆる機会に、そういった商品の発するメッセージを受け取り、理解する。我々がそういう生活を捨てることはおそらくないだろう。これからもますます、我々は目新しいモノを次から次へと見たがるだろう。

アメリカのマス・カルチャーについて古代ローマ帝国との類似性を指摘したのはトインビーであっ

た。いわゆる「パンとサーカス」というやつだ。モノはかつて実用性の裏づけをもった「パン」だったのだが、今や、ひとときの娯楽にすぎない「サーカス」なのだ。商品は「パン」の役目を卒業しつつあるが、我々が商品という「サーカス」なしに生きることはちょっと考えにくい。

しかし、と思う。サーカスには木戸銭が支払われるが、モノのサーカスには木戸銭はない。古典的な意味での所有を実現することとひきかえにしか金銭は支払われない。ショッピング・モールやアウトレット・モールが入場料をとる。あるいはルイ・ヴィトンの店が入場料をとる。ちょっと考えられないことだが、実際にやってみたら、結構、多くの人が払ってもいいと考えるような気がする。しかし、今の商習慣として、店は出入り自由で、見るだけならタダが当然だ。

モノを作り、売るビジネスは買われてナンボだ。消費社会のサーカス化はモノを作り、売ることがビジネスとして成立しなくなる可能性を秘める。そうなると、あふれるように商品が用意される環境も命脈が尽きる。この、楽しくも不可解な、高度消費社会の維持費は、誰がどのようにして負担するのだろうか。もはや、必ずしも必要とは言えないモノを際限もなく買い続ける動機づけはあまりない。しかし、我々は一種のサーカスとしてあれやこれやの商品を見ていたい。綱渡りも、玉乗りも、猛獣使いも、ピエロの道化芝居も見ていたい。しかし、今払っているゼロに近い木戸銭の水準では、たとえば猛獣使いはあきらめざるを得ない、といったことが起きる。このあたりが分岐点になるだろう。ショーの演目が多少減ってもそれを甘受するのか、それとも、やはり何らかの形で猛獣使いも見たいので、たとえ一部の人だけでも猛獣使いの出演料をパトロン的に負担するのか。いずれにしても、高度消費社会は一つの曲がり角に来ている。

モノが幸福の基準であった時代は、思えば、シンプルな時代だった。行政施策も、ビジネスも、画一的な「モノ」を提供していれば事足りた。また、それは計量可能な世界であり、計画も立てやすかったし、どこで何が不足しているかも明瞭だった。反面、ひととおりモノが満たされた後の時代は、ひどくややこしい。幸福感は人によって千差万別だし、誰かからもらう性質のものでもない。ビジネスや行政はほとんどお呼びではないだろう。

「自分さがし」などという薄気味の悪い言葉が流行するにいたったのも、この流れと深く関係している。「自分には居場所がない」と思ったり、「自分らしく生きたい」と思ったりするのも、そういったことの変奏曲だ。我々は、際限のない欲望をもたずに生きることは難しいのだろうか。まだモノが欠乏していた時代、「三種の神器（テレビ、冷蔵庫、洗濯機）」を我々は欲しがった。それが一巡すると、「3C（カー、クーラー＝エアコン、カラーテレビ）」を欲しがった（図1-3）。それも一巡して、マイホームを手に入れ、海外旅行もし、一〇〇〇 ccクラスのファミリーカーは、二〇〇〇 ccクラスのセダンに買い換えられた。金ピカの八〇年代は、それでも不足だと思わせるストーリーを発明する。商品を言語のように駆使して、かなり複雑なコミュニケーションが可能であるという、今思えば、はなはだ心もとない神話をあみ出したのだった。しかし、ここまでであった。

図1-3　耐久消費財の普及

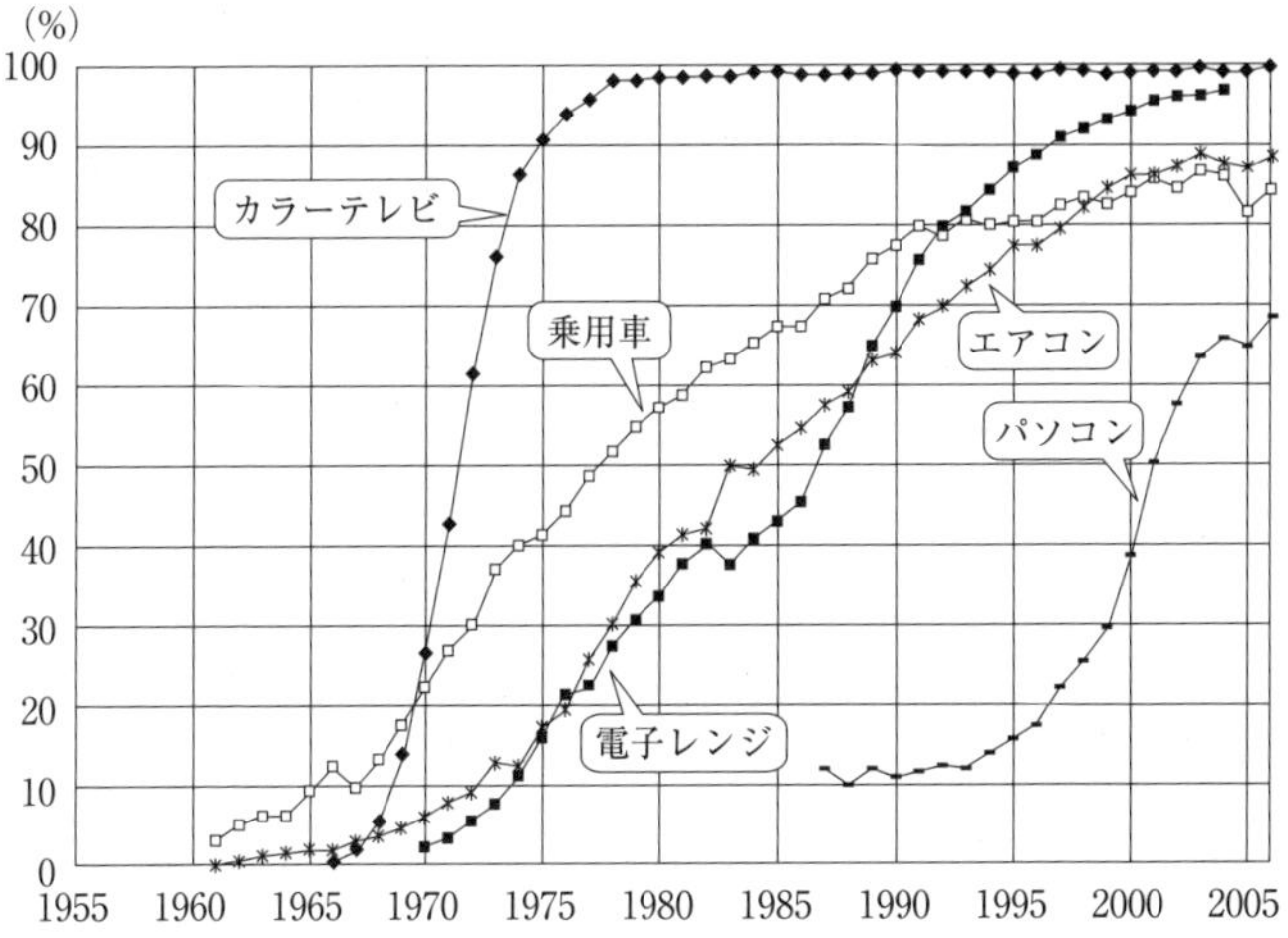

注：1957年は9月調査，58～77年は2月調査，78年以降は3月調査。05年より調査品目変更。
資料：内閣府「消費動向調査」。
出典：「社会実情データ図録」(http://www2.ttcn.ne.jp/~honkawa/index.html)。

この後は、三つの方向に分かれつつあるようだ。一つはモノの獲得競争から降りて、まったりと生きるという方向性。もう一つは、同様にモノの獲得競争から降りたが、「自分さがし」や「居場所さがし」といった際限のない充実感の獲得競争に参入するという方向性。三つめは二つ目のヴァリエーションだが、充実感の獲得競争を今なおモノで追求するという方向性。これも金ピカの八〇年代とは異なり、他者からその消費行動がどのように評価されるかというよりは、自分自身をなにがしかエンパワーメントしてくれるモノを獲得しようとするところに軸足がおかれている。

三つの戦術は相互に排他的なわけでは

なく、どの個人にも三つの生き方の方向性として併存しているが、どこにウェイトをおくかという差異があるようだ。ニートやフリーター、やたらとハイテンションな前向きクン、ヤング富裕層、そしてマニアといった、昨今の若い世代の人格類型と深く関係していることがうかがえる。今や、際限もなくお金を使ってくれるのは、第三の方向性に軸足をおく人と、先に述べた、法外な値段のフィギュアやジーンズを買うマニアックな人たちだけに限られる。彼らの支出だけで、我々はこの高度消費社会という愉快なテーマパークに住み続けることができるのだろうか。

モノがいつでも、どこでも、すぐに手に入る便利な社会の出現が、モノの価値を低下させるというパラドクスを我々は経験している。しかも、市場での競合関係は厳しく、価格もあっというまにこなれてしまう。提供する側からすれば、商品やサービスがあっというまに陳腐化してしまい、競争力を失い、ダンピングされ、利益をあげにくい。ビジネスの世界ではコモディティー(日用品)化と呼ばれる現象だ。どんなにハイテクを投入して開発した商品でも、またたくまに〝ヒトヤマいくら〟のありふれた日用品になってしまう、という意味である。

商品のコモディティー化は、消費社会というテーマパークを維持できるかという問題はあるものの、一消費者としては、歓迎できることでもある。しかし、その一方で、あらゆる商品がコモディティー化するということは、人材や労働という商品もコモディティー化するということで、これは深刻な事態だ。ニートやフリーターという現象との関係も深い。これについては後で述べよう。

互助的な関係はどこにあるのか

これからの我々の社会の動向を占ううえで、非常に重要な意味をもつのが、今後、どこに互助的な人間関係をもてばいいのかということだ。江戸期以来の地縁・血縁連合体制のあと、高度成長期に、職場を生産の場であると同時に生活の基本的サポート体制とするという秀逸なシステムが開発された。これによって我々は安心して地縁、血縁のしがらみを捨てて、都市のサラリーマン生活に移行できた。しかし、職場を基本的サポート体制とするシステムも多くの企業が発展期にあった時代にこそ可能だったことで、今後これを採用する企業はごく限られるだろう。

年金や介護保険は世代間の互助システムとして設計されたが、それが事実上、破綻状態にあることは明らかだ。そもそも感情的なコミットメントがないところに互助の精神を期待することに無理がある。しかも実質的な運営主体である政府があまり信頼されておらず、さらに、よく知られているように、このシステムの運営組織は、道路公団もはだしで逃げ出すほどのフリーライダーの巣窟なのだ。これでシステムが機能不全にならなければ奇跡である。

職場にシェルターのような役目を期待することはもはや難しい。今後、政府が提供してくれるサポート体制は必要最低限のものでしかない。それを考えると、各人がそれぞれのオリジナルなサポート体制を自分で構築していかなければならない。

互助的な人間関係は、どこに現れるのだろう。結局、我々は、そういう関係をいたるところに作る努力を迫られるのだろう。昔ながらの血縁関係だったり、ムラ社会的なものだったり、新しいタイプのコ・ハビテーション（非血縁者の共同生活）であったり、NPOやNGOのような組織がそういう役目を担うこともあるだろう。場合によっては、職場にそういう関係が再構築されることさえもあるだろう。

いずれにしても、昔のように、否応なしになにがしかの人間関係を押し付けられることはなくなる。そういうことがないかわりに、積極的に自分から人間関係を求め、絶え間なくメンテナンスしていかないと、深い孤独感にさいなまれたり、深刻な不安定性を抱え込んだりすることになる。自立のために職が必要なように、自立のためにそういう人間関係を自前で確保しなければならない。ライフスタイルの五五年体制の解体によって、我々はひどくやっかいな問題を抱え込んだわけだが、これに対する一般解などないのだから、そんなものを政府に要求したりしないことが肝心だ。中央であれ、地方であれ、政府が提供できるのは、しょせんマニュアル化できる一般解でしかない。そこから先は自分でオリジナルに考える必要がある。

合計特殊出生率一・二六（これまでで最低となった二〇〇五年の数値）は、しかし、このことを深刻に受け止める人がさほど多くはないことを意味している。あるいは家族関係を多難な時代のサポート体制とすることには、あまりにもコストがかさみ過ぎると考えられているのか。いずれにしても、晩婚化、非婚化の流れは少子化も招きながら、一つの趨勢として定着している。つまり、今のところ我々は、この時代を基本的に「個」としてサバイバルしていくというイメージをもっているらしい。この傾向は下の世代ほど顕著だ。下の世代に影響されたのか、最近『おひとりさまの老後』というベストセラーがあったが、カネも友達もない人はどうすればいいの、という感想がネット上では目立った。

他者の中では本当にはくつろぐことのできない「一人志向」は若い世代の特徴としていくつもの統計調査で指摘されている。将来に対する漠然とした不安よりも、人間同士が傷つけあう不安のほうが彼らにとってはリアルなのだろう。政府の庇護も、カイシャというシェルターも、深い人間関係というウェットスーツもいらない。その代わり、モノももたない。欲望を慎重にコントロールする。次の世代を再生産するということもゆとりのある人に任せる。それは、もしかしたら、後世にとてつもない負担を強いるかも知れない。しかし、今、この時代を自分自身以外の何も頼らずに生きる。合計特殊出生率一・二六という数値は、出産可能年齢（合計特殊出生率の算出にあたっては一五歳から四九歳とされる）の女性たちと、そのパートナーである男性たちがそういう選択をしていることを暗示している。我々はもしかしたら、新しい時代の生き方のモデルをつかんだのかもしれない。しかし、それには今の時点では予期できない、さまざまな波及効果——良きものも、悪しきものも含め——があるかもしれない。

職場共同体の空洞化

我々の生活がどのような人間のつながりによって支えられているかは、時代によって大きく異なる。昭和三〇年に始まる高度成長期以来、ごく最近まで、我々の生活は職場と一蓮托生だった。いわゆる終身雇用と年功賃金制は日本の社会の非常に基本的な生活のサポート体制であり、これを頼りにすることで、戦後復興から世界第一級のモノの豊かさが実現された。私は、高度成長期に出現した、職場が提供する安定したサポート体制の中でモノの豊かさを追求していく生活を「ライフスタイルの五五年体制」と呼んでいる。あまりにもこの「ライフスタイルの五五年体制」が長く続いたため、今なお中高年世代を中心にこれが当然のことであると考えがちだ。だが、一九九〇年頃から、職場が提供するサポート体制は次第に削減される傾向にあり、バブルの崩壊と平成不況の中で雲散霧消していった。

よく言われるように、小泉改革によって古きよき終身雇用制が解体したのではなく、一九九一年のバブル崩壊の後の平成不況の中で、若い世代を中心に、終身雇用制に対する信頼感が低下し、信頼感を失ったことでディファクトスタンダード（事実上の標準規格）としての終身雇用制は命脈が尽きた。終身雇用制はいうまでもなく、制度でもなく、明文化された雇用契約でもない。会社と社員の間の信頼関係にもとづくものだから、信頼感に疑念が生じると致命的なのだ。

図１－４　生活のサポート体制の変遷

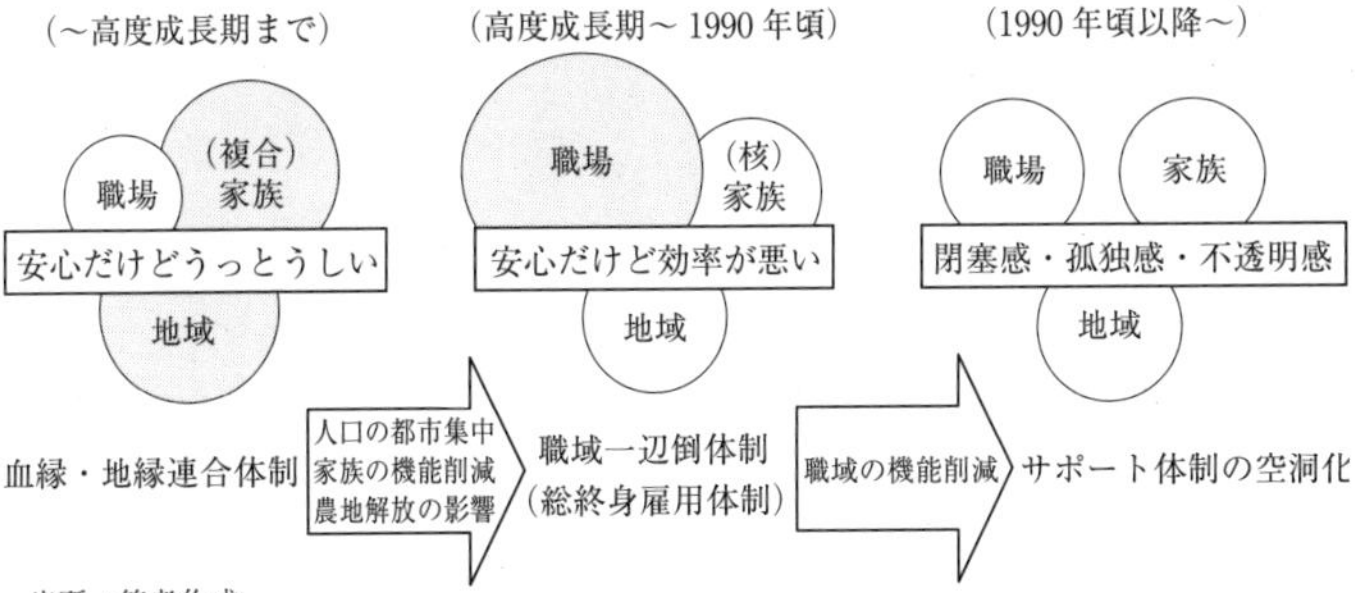

出所：筆者作成。

高度成長期以前の日本では、多くの職場はたんに労働と賃金とが交換されるだけの場所で、従業員の生活をサポートするという機能はあまりもっていなかった。その代わりに、しっかりと生活を支えていたのが「家」と「村」だった。つまり血縁共同体と地域コミュニティーだった。昭和の初めころ、サラリーマンなる存在が目立ち始め、そういった既存のサポート体制と縁の薄い都市のサラリーマンは「腰弁」「洋装細民」などと呼ばれ、堂々たるサポート体制をもつ農家、商家、職人層から揶揄されたり、同情されたりする存在だった（図１－４）。

もちろんこの血縁・地縁連合体制の恩恵は、ただありがたいだけのものではなく、人間同士が空間的にも心理的にも、深く濃く結びついていたため、さまざまな感情的なもつれの温床でもあった。多くの人はそれを耐えるべきことと考えていたが、なかには、故郷の村を飛び出して、別世界で「一旗あげる」野心家も少なからずいた。それでも、そのモチベーションは「故郷に錦を飾る」ことであり、気持ちはどこかで故郷の家族と村につながっていた。

戦災で瀕死の状態だった産業が、朝鮮戦争特需などで息を吹き返すと、全国の田園地帯から都市に労働者がかき集められた。故郷の人とのつながりはありがたくもあり、うっとうしくもありだったから、若い世代からどんどん都市に移り、会社勤めをする者が急増した。そもそも農村は、敗戦後、復員兵士や引き揚げ者などの過剰人口を抱えていた。さらに戦後のベビーブーム。ベビーブームは、戦災で荒廃した都市よりも、それを免れた田舎の田園地帯でより顕著に見られる現象だった。農村から都市へと、人の流れが押し寄せた。

それを受け入れた都市の産業は、成長期にあって常に人手不足を感じていた。安定的な人材確保のためにも、会社は次第に手厚いサポート体制を従業員に提供するようになり、これが故郷の家や村の代わりを都市で果たすようになっていった。

誰もが次第に手厚い処遇を受けるようになる、公平で、しかも先の読める年功賃金制度、安価な寮や社宅、はては保養施設、病院、持ち家制度などなど。こうして職場が提供する生活サポート体制にどっぷりとつかった安定したライフスタイルが定着していった。それがライフスタイルの五五年体制だ。

ライフスタイルの五五年体制は企業サラリーマンの生活から始まったが、その考えかたはそれ以外の人々にも拡大されていった。公務員や公益法人の職員も、民間並みということが雇用条件の基礎となった。公務員の場合は、民間のように業績との関係で恩典を調整することがない分、いわば「お手盛り」で条件を向上させていった。

このように、かつての「腰弁」「洋装細民」の地位は見ちがえるように上昇し、不安定の代表のように思われていた存在が、今や、盤石の安定性を誇るようになった。この「勤め人」たちの安定性を目標値として、今度は、農家や商工業者などの自営業者たちにも、さまざまな安定性を保障するシステムが整備された。

農家は農協に組織化され、どのような作物をどのような方法で作るかなどが細かく指示され、自営業者としての自由度は制限されたが、反面、農協の方針に従っている限り、各種の恩恵が保障され、破産したり、離農したりといった破綻を経験する心配は減った。区画整理や農地改良を始めとするインフラ整備や公共事業の恩恵も期待することができた。特に農家の次男三男が経営し始めた土建業者が、選挙区を単位として、そこから選出された議員ともども、公共事業を通じた税金の配分システムのようなものを構築してしまったことは周知のことだ。急速な経済の成長期にあって、都市のサラリーマンと同等の生活、つきつめればそれは消費生活のことだが、それを農家やその次男三男にまで保障しようとすれば、そうでもするしかなかった。また、そうしなければ、過疎の深刻化にブレーキをかけることはできなかった。

ここから公共の利益を目的とする公共事業は、その本来の目的とは無関係に、特定の勢力の生活維持のために永遠に継続しないといけないものになってしまった。税収が乏しい時代を迎えても、これを精算することができずに、今、我々は苦悶している。国債発行残高六八四兆円（二〇〇九年六月末日現在）という重い借金は、このようにして生まれた。土建業者も独立自営の企業体である以上、資本主義の市場メカニズムに忠実に従い、互いに競争力を競えばこのようなことはなかっただろう。しかし、元々が生活保障のためのシステムであっただけに、市場での競争よりは、協調による共存、すなわち談合を重視したため、産業システムとしては機能不全に陥ってしまった。

業者間の談合や有力議員による調整が批判されると、批判を受けた人は、互いに話し合い、共存共栄を図ることがなぜ悪いと居直ることが多い。それは資本主義の原則に反するからいけないのだ、という再批判が起きることは稀で、つい、その言い分にも一理あるなどと思ってしまう人が多い。資本主義の精神は、我々にとって、やはりどこか借り物で、この社会にきちんと根づいていなかったようだ。

商業者にも類似のシステムが持ち込まれた。化粧品や家電製品の販売網が典型だが、メーカー、卸、小売が系列化され、商品の販売価格などについてはメーカーの意向に従わざるを得ないが、反面、ルールを守っている限り、商品の供給、店頭の宣伝材料、マージンなどが保障され、安定した商売を維持できるようなシステムが作られた。商店主はいわば店番が主な仕事となり、自営業者としての才覚はあまり問われなくなった。個人の才覚よりは、あるシステムに忠実に帰属することが、生活の安定性を保障することになった。

中小の工場経営者も、有力な大企業の系列協力工場になることで、経営の安定化を図った。経営の自由度は犠牲になるが、一定の仕事量が保証され、親会社に協力的である限り、なにくれとなく面倒を見てもらえることのメリットは大きかった。下請けというと、メディアではみじめなイメージでとらえがちだが、このシステムの中で中堅企業に成長した中小企業は少なくない。

ライフスタイルの五五年体制は、このように、日本の社会全体に、依存の連鎖を網の目のように張り巡らすことになった。自らの才覚で自立を獲得するのではなく、いかに、有利な依存の連鎖に潜り込むかの才覚だけが問われ、いったん潜り込んでしまえば、あとはおとなしくしていることが得策となった。自立する必要のない社会。これがライフスタイルの五五年体制がもたらした社会像である。

この時代にも「格差」は確かにあったのだが、誰もが少しずつ上の生活になっていくことが期待できたので、そのことはあまり気にならなかった。一時は国民の九〇パーセントがもっていたという中流意識とは、職場から得られる強力な生活サポート体制の内側に生きる人々の意識のことだった。

このサポート体制になんとかもぐりこみさえすれば、都市生活において、面倒な近所づきあいや、その他の人間関係の恩恵は頼りにする必要がさほどなく、都市生活者の人間関係の関心は職場とその周辺に限られるようになった。近所づきあいや親戚づきあいは、わずらわしいこととして、とおりいっぺんの社交に限定され、互いにサポートしあうといったものではなくなった。この時、長く我々の生活を支えてきた血縁地縁連合体制は役目を終え、職域一辺倒体制へとバトンタッチされた。

都市に人を送り出してしまった田舎でも、地域コミュニティーは大きな打撃を受けた。人が少ないということは、寺社の祭礼すらやりにくいということで、田舎はまさに「地方都市」と呼ぶのが適切な状況になった。地域コミュニティーと呼べるほどのものは、よほどの辺境にしか残らなかった。大都市に生活する人は職場が提供する手厚いサポート体制を期待することができたが、地方都市ではそれもさしたるものは期待できない。その欠落感ないしは嫉妬心が、街おこし、村おこしという大義名分で際限もなく公共事業を誘致したがる性癖を根づかせていった。

そして一九九〇年代に入ると、このような生活サポート機能を職場が提供することが難しくなった。およそ半世紀も、安心できる生活環境の中で生きてしまった世代は、それを不動のものと感じていたが、それはあくまで個々の企業や、マクロ的な経済の成長期のゆとりから得られるもので、状況が変われば、あっさりと消滅する性質のものだった。企業はそのようなサポート体制を非効率的なものと考えるようになっていった。

職場が強力なサポート体制を提供してくれるライフスタイルの五五年体制は、長い平成不況と、小泉改革のプロセスで終わりを迎えた。職場偏重だった人間関係はいきおい空洞化した。どこも頼りにできない閉塞感と、将来に対する不透明感が広まった。一転して、多くの人が漠然と人恋しさを感じるようになった。インターネットが一般の人のものとして登場したのは、このような状況の一九九五年であった。インターネットの普及は途上国をのぞけばおおむね同時進行する現象だったが、その意味あいは社会によって異なる。日本においては、ライフスタイルの五五年体制の崩壊と軌を一にして進行したという非常にユニークな意味をもっている。

孤独に陥らないために自分で人間関係をつくる

団塊ジュニア世代より下の若い世代は、そもそも職場共同体のサポート体制など期待していなかった。彼らが就職する年齢になったのは平成不況まっ盛りの頃で、氷河期、超氷河期と言われていた。上の世代も、キャリアの途中でゲームのルールが変わってしまい、わずかに残った職場の恩典にしがみつきつつも、もはや時代は変わったのだと、半分あきらめ顔だ。

世代を問わず、どこにも心休まる人間関係がないかのような孤独感にとらわれた。かつての家族関係や地域社会の人間関係を取り戻そうとさまざまな試みがされているが、一度こわしてしまった人間関係を復活させることは容易ではない。

インターネットはこのような社会状況のもとに現れた。当初インターネットは企業や行政機関の広報的な用途が目立ったが、すぐに、人間同士を結びつけるはたらきに注目が集まった。

オタク文化といえば、それが浮上してきた八〇年代には、ややこしい対人関係から退却し、一人自分の好きな世界に耽溺するものだったが、インターネットの出現以来、どんなにマニアックな少数派であっても、自分の同類をネット上で発見できるようになった。忘れ去られたアイドル、誰も見向きもしなかったアニメ、美少女フィギュアのコレクションについて、自分と共通する話題をもった人を世界のどこかで見つけ、接触する可能性をもたらした。それは同好の士の楽しい語り合いや、情報交換や物々交換の機会となったり、ののしり合いや中傷合戦になったりという胸おどる対人関係を経験させた。

直接対面して、なにがしかの場を共有することが人間関係の標準型だと考える世代からすれば、ネット上の人間関係は取るに足りない、はかないものに感じられるのかも知れない。だが、そもそも人間関係がほとんどないことが出発点になっている人にとっては、他者の存在を意識するだけでも違うのだ。おずおずとネットに書き込みをする。たとえば、言葉使いが悪かったり、テーマがズレていたり、独善的な自慢話だったりすると、すかさず「空気読め！」とたしなめられたりする。あるいは相手にされず「スルー」されたりする。そんなネット上のやりとりを見ていると、これはこれで高校のバスケット部の部室のような社会勉強の場になっているのではないかと思える。あの『電車男』の物語は、本当にそれが現実のことかどうかは確かめるすべがないが、人間関係に不器用な一人のオタク君が、ネットの住人たちの協力を得て、直接対面してコミュニケーションする必要のある、恋愛という敷居の高い人間関係にチャレンジする機会をもった例だった。若者一般に、気の合う友人を探すことは、日常を送る学校や職場だけで可能になることではなく、インターネットを含め、いわば、どこでもできることだという感覚が広まっていった。

若い世代に遅れて、上の世代も、ネット上で人間関係を模索することを覚え始めた。趣味的なこと、政治的なメッセージ、あるいは重い病気や深い悩みなど、およそありとあらゆるテーマが人を結びつけ、小は数人から、大は何万人という規模のコミュニティーが作られる。

ここでは若い主婦たちの動きが目立った。初期の家庭のパソコンは、ネットに接続されながらもホコリをかぶっている状態のものが多かった。そのホコリを払い、おずおずと使い始めたのが、子育てなどで家庭にいる時間の長い若い主婦たちだった。彼女たちは、独身時代、職場で多少はキーボードを使った経験のある世代で、同年齢層や、上の年齢層の男性と比較すると、多少なりともパソコンに対する抵抗感が少なかったのかも知れない。

日本の核家族率は約六割程度で、アメリカが七三パーセント、カナダは五四パーセントであることを考えると、日本が特別突出して高いわけではない。しかし、日本の場合、高度成長期に地域コミュニティーが存在感を失ったため、核家族が相互に孤立する傾向にある。そのため、近隣の人と悩み事を相談したり、助け合ったりすることには抵抗感があるのだ。ＮＨＫ放送文化研究所の調査（図１－５）によれば、血縁、職場、近隣いずれにおいても、形式的、部分的な関係を望む意見が一九七三年以来、増加を続け、「全面的な関係」（近隣においては「なにかについて相談したり助けあえるようなつきあい」）を望む率が減少している。二〇〇三年の調査において、近隣と「全面的な関係」を望む意見は

図1－5　全面的な人間関係を望む率

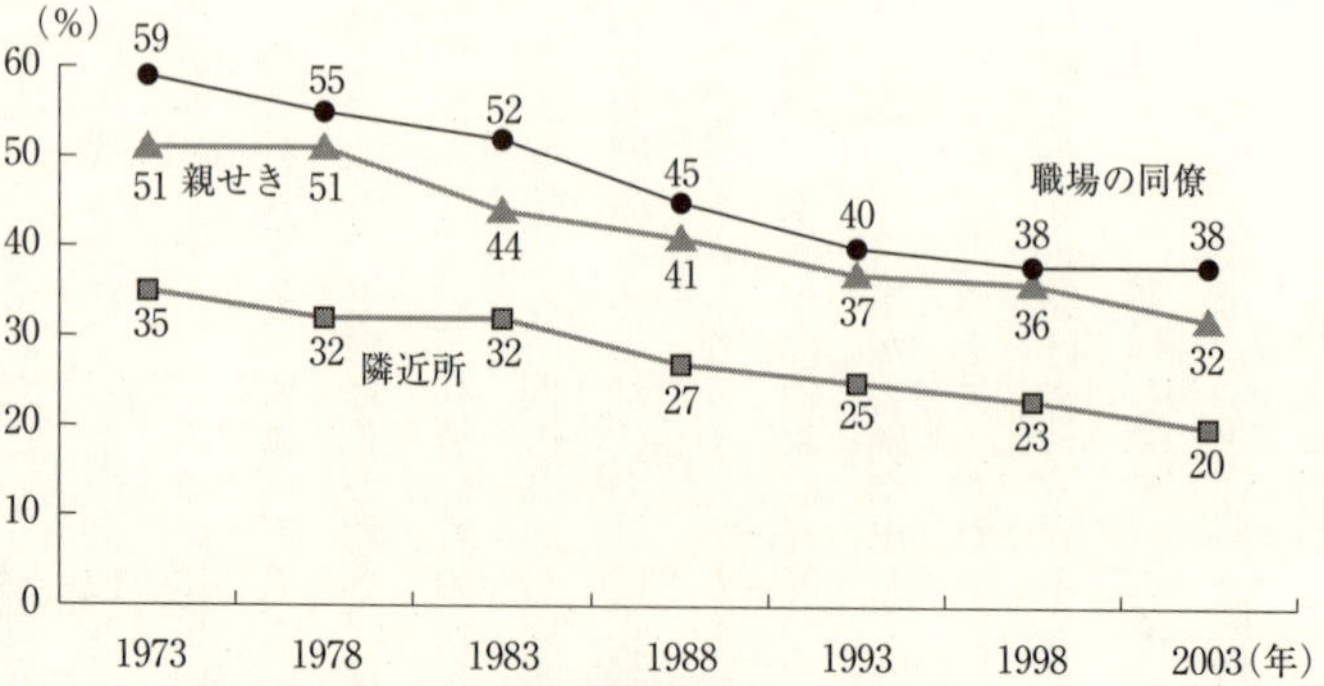

出典：NHK放送文化研究所『日本人の意識調査・2003』(http://www.nhk.or.jp/bunken/research/ippan/ippan/ippan_03062801.pdf)。

二〇パーセントにとどまる。若い主婦たちの世代は、すでに近隣の関係が失われてから生まれ育っており、近隣に対してはプライバシーを守りたいという意向が強いのだろう。

このライフスタイルは非常に孤独だ。ライフスタイルの五五年体制の時代には、それでも職場のサポート体制の中にいるという安心感でそれをまぎらわせることもできたが、今や、それも期待できない。孤立した核家族で主婦であるということは、どれほど心細いことだっただろうか。

このことがインターネットが普及するや、家事相談、育児相談をテーマとするウェブサイトやブログを増加させた。孤立した核家族の主婦にとって、それは心強い味方だった。主婦層のインターネット利用というと、なぜかインターネットショッピングだけが注目を浴びるが、匿名でのコミュニケーションを通じて、互いに助け合う、助け合わないまでも、互いに悩みを打ち明け合う人間関係が数多く発見されていった。ソーシャルネットワーキング・サービス（ＳＮＳ）最大手のミクシィで「主婦」をキーワードとしてコミュニティーを検索すると、一二三六件がヒットする。同様に「子育て」をキーワードとして検索すると、一三四五件がヒットする。若い世代に次いで、インターネットの活用法を発見したのは主婦たちであった。これは、孤立した核家族の主婦にとって、切実な必要性のあるものだった。

〈世間〉育ち世代と〈市場〉育ち世代

昭和三〇年に始まる高度成長期は、それまでの日本の社会像を一変させてしまった。今日見られる大都市への極端な人口集中は、昭和二〇年代生まれの第一次ベビーブーム世代、つまり団塊世代が、復活した産業の担い手として都市に集まることで招かれた。

全国の田園地帯で生まれ、昔ながらのムラ社会の空気を呼吸して育った最後の世代。そして進学や就職のために故郷を離れ、都会へ出た。若い独身者として、東京なら荻窪か高円寺あたりの四畳半一間に住んでいたのだが、結婚して家庭をもつようになると、郊外に新たに開発されたニュータウンに住むようになった。東京には多摩ニュータウンが、大阪には千里ニュータウンが、名古屋には高蔵寺ニュータウンが、横浜には港北ニュータウンが作られ、この世代が作った核家族を効率よく収容した。

ここで生まれ育ったのが第二次ベビーブーム世代、つまり団塊ジュニア世代である。

ニュータウンは、家には寝るために帰るだけの企業戦士たちの兵営のようなもので、地域コミュニティーはあまり存在感のあるものではなかった。故郷のややこしい人間関係を嫌って都市に住まうようになった経緯があるため、むしろ家族水入らずのプライバシーの高さのほうが魅力的だったのだ。貧しい時代を身をもって体験した最後の世代にとって、職場のサポート体制に守られながらモノの面で豊かになっていくことが彼らの人生のテーマだった。

故郷の濃密な人間関係をうっとうしいと感じたものの、都会の職場もまたうっとうしい人間関係だらけだった。だが、終身雇用制の枠組みを考えれば、そこを途中でドロップアウトすることは躊躇せざるを得なかった。つまりは、彼らの世代は、上の世代となんら変わらない〈世間〉育ち世代なのだ。

しかし、ここで育った子どもたちは、親世代が身を粉にして働いて、やっとのことでたどりついた郊外のニュータウンが人生の出発点だ。そこには大家族も、近所づきあいも、ガキ大将が率いる子ども集団もなかった。その代わり、特撮ヒーローや、アニメの主人公や、ゲームのキャラクターや、もろもろの商品群とともに育っていった。なによりも、不安のない、不足もない豊かな生活があった。そうやってニュータウンで育った第一世代が団塊ジュニア世代である。

都市化、核家族化、少子化、地域コミュニティーの希薄化といった、高度成長期がもたらした社会の変化が完全に定着した後に生まれ育った団塊ジュニア世代は、親世代が経験したような濃密な距離感の人間関係は経験していない。彼らを育てたのはいわば〈市場〉のような環境だ。

彼ら〈市場〉育ち世代にとって、〈世間〉育ち世代が構築した環境は違和感のあるものだった。〈市場〉育ち世代は家庭でも学校でも、どこかなじめないわだかまりをもちながら育った。家庭内暴力、校内暴力といった現象が彼らの生育とともに噴出したのは理由のないことではない。そして彼らが超氷河期という高いハードルを超えて、ということは、本音では違和感をもちつつも、それを深く胸のうちに秘めるという無理を重ねて職場にもぐりこんだ頃、インターネットは広く普及し始めたのだ。

感受性の一致する相手をインターネットで見つけたり、あるいはリアルなフィールドでたまたま遭遇した気の合う相手との人間関係をインターネットで維持したり、といったことが始まったのはごく自然ななりゆきだった。

インターネットが急速に、しかも若い世代から普及していくためには、この世代間の深いギャップが大きく貢献している。それは今や、職場をはじめとする生活の場への違和感を多少なりとも中和する装置としても活用されている。彼らのメンタルヘルスはインターネットによってかろうじて守られているといっても過言ではない。

この数十年の新入社員の意識の変化を眺めてみよう。財団法人日本生産性本部が毎年、新入社員を対象に実施している「働くことの意識」調査によれば、若い新入社員の意識の変化がもっとも端的に表れているのが「会社を選んだ理由」である。一九七一年と二〇〇六年とを比較すると、かつて一位

図１－６　新入社員が会社を選んだ理由の変化

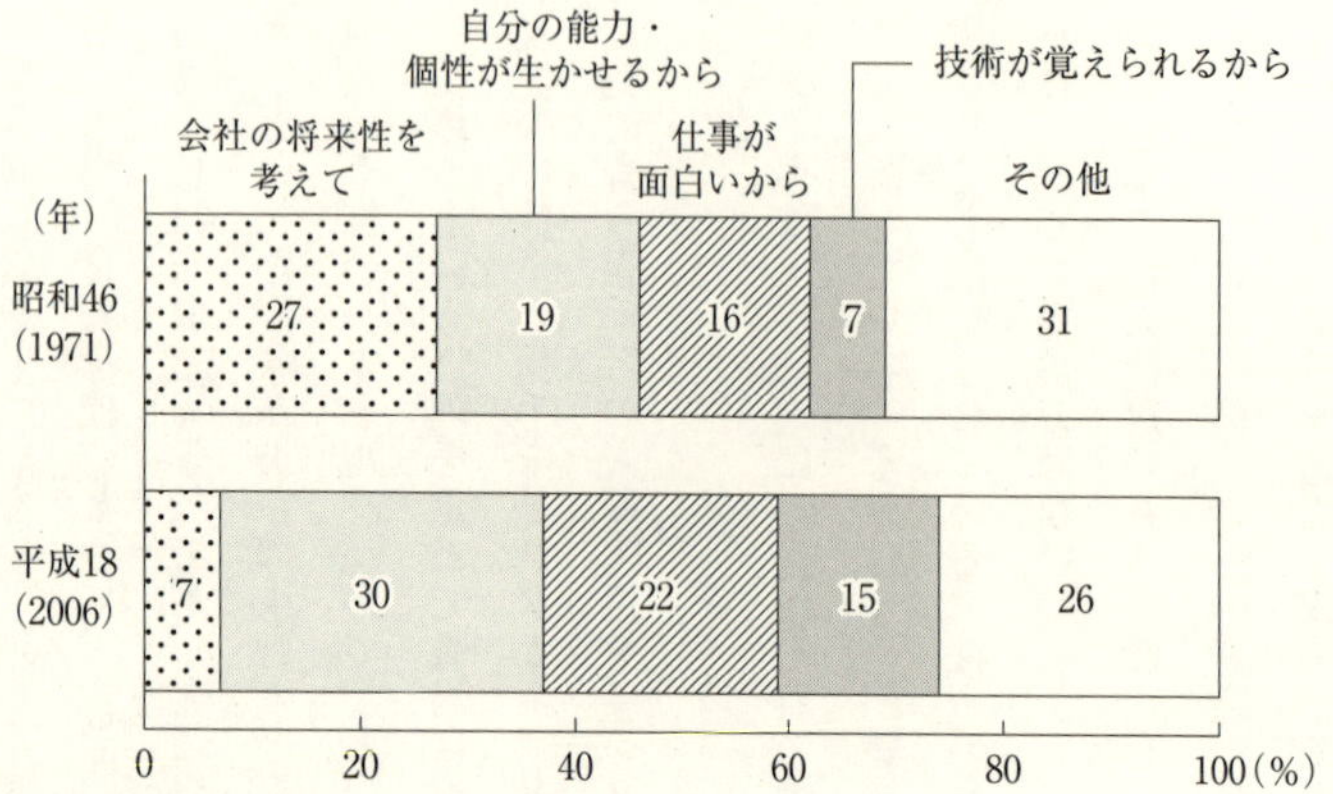

出典：岩間夏樹『新卒ゼロ社会』（角川新書）。

だった「会社の将来性」という回答は二七パーセントから一〇パーセントを割り込み、わずか七パーセントに減少している。反対に「自分の能力・個性を生かせる」「仕事が面白い」「技術が覚えられる」が最近のベストスリーで、それぞれ一九パーセントから三〇パーセントへ、一六パーセントから二二パーセントへ、七パーセントから一五パーセントへ増加している（図１－６）。

会社を生活安定のためのシェルターととらえる意識が弱まり、個人として、どのようにしてサバイバルしていくかが課題として浮上してきたことがうかがえる。高度成長期は戦後復興から世界第一級の豊かさが実現されていった時期で、身を粉にして働き、多少の早い遅いはあるにしても、誰もがより豊かで安定した生活を手に入れていった時代であった。一生懸命働くことで会社を成長させ、そのことによって個々人が豊かになる、という道筋が明瞭に意識されていた。それが「会社の将来性」という言葉に象徴されている。終身雇用制と年功賃金制とはそういうシステムのことであった。

低成長時代に入ると、そのシステムは見直され、九一年のバブル崩壊を契機として、多くの企業が大きく舵をきった。同時に、働き手のほうでも意識が変化して、より個人をベースとしたワークスタイルに軸足が移っていった。企業戦士たちが身を粉にして働くことによって実現した豊かな社会に生まれ育った若い世代からは、会社をシェルターとして頼る思いが薄れていき、どこへいっても通用するスキルを身につけ、個人としてサバイバルすることでリスクを回避する戦術へと転換した。

この変化に対応して「職業」というものの意味あいが変化した。豊かさの波に乗り遅れる不安のある社会、極端な言いかたをすれば、飢えの恐怖がある社会では、職業は「生きていくために必要不可欠な〝なりわい〟」であったのが、豊かになってしまった社会、モノの面では現状維持でも満足できる社会にあっては、職業は「手応えのある人生を送るための〝自己探求〟」であるとのニュアンスが強まった。就労の動機づけは「なりわい」から「自分さがし」へと軸足を移した。

モノの求心力の低下

敗戦後の荒廃の中から世界に誇り得る豊かさを実現するために頑張ったのが、昭和ヒトケタ世代から団塊世代まで。彼らがやっとのことでたどりついた郊外の持ち家で育ったのが団塊ジュニア世代。その団塊ジュニア世代がいまや三〇代半ばくらいの若手の中堅である。企業内には非常に大きな職業についての感受性のギャップが横たわっている。

世代間に感受性のギャップがあること自体は何も今に始まったことではない。しかし、高度成長期に日本の社会像が一変したことを思えば、団塊ジュニア世代が抱える世代間ギャップが決して小さなものではないことは容易に想像がつく。大都市への極端な人口集中、少子化と核家族化、地域社会の希薄化といったことが高度成長期がもたらした変化であった。そして何よりもモノの面で不足を感じないでもすむようになった暮らし。もはやモノは求心力たりえない。

中高年世代は、若者といえば、あれやこれやのモノを際限もなく欲しがる存在だと思い込みがちだ。自分たちはモノのない時代に育ったから物欲は薄い。それにひきかえ、昨今の若者たちは、目のくらむような消費社会育ちだから、子ども時代のゲームやキャラクター商品に始まり、ティーンともなれば流行の服やら、有名ブランドのバッグやら、はては車や留学や結婚資金などと、そのたびに親たちは結構な支出を強いられる。その経験から、若者は物欲の権化だと思いがちだ。しかし、それは大きな誤解だ。ホリエモンや村上ファンドの一件も、その誤解を助長したようだ。

逆に、中高年世代こそ物欲世代であり、若者たちは一般的には物欲には醒めてしまっている。中高年世代のほうが食べ物や服といった生活必需品でなにがしかの苦労をした経験をもっていて、モノの

図1－7　若い世代の幸福感

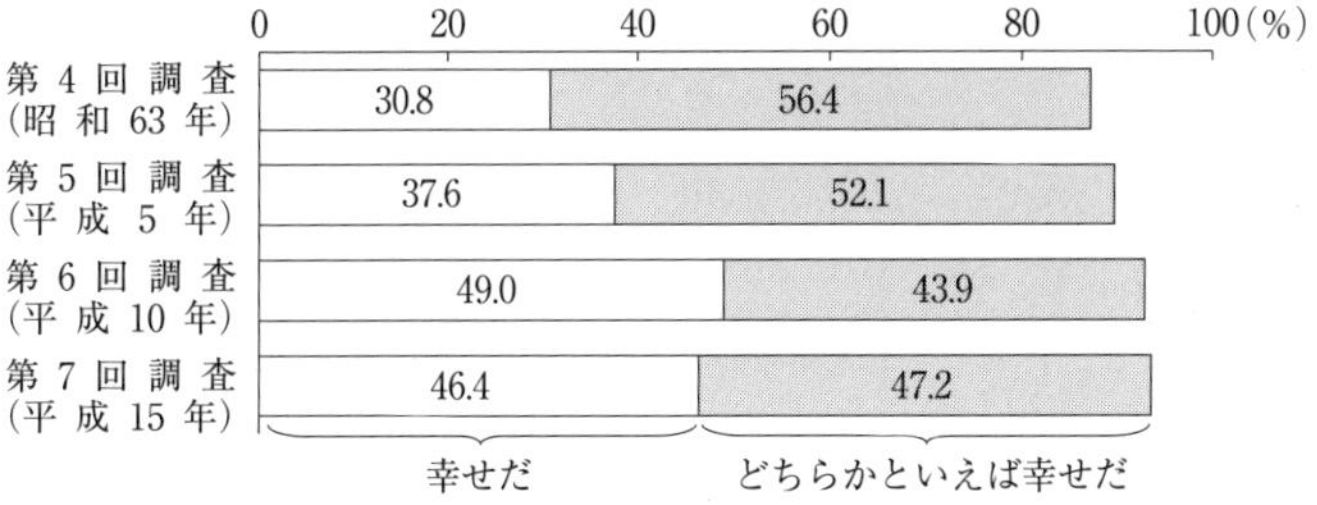

出典：平成14～15年『第7回世界青年意識調査』（http://www8.cao.go.jp/youth/kenkyu/worldyouth7/pdf/2-7kekka.pdf）。

欠乏に対するトラウマを今も払拭できないでいる。若者たちが欲しがるのは生活必需品ではなく、それがないと不便だとか苦しいという性質のものではない。もし手元にあれば、より大きな満足感が得られるというだけで、なければないですんでしまうものばかりだ。あふれんばかりの商品に囲まれた消費社会で育っただけに、モノに関する「関心」は非常に高いが、飢えるような「欲望」からは遠い（図1－7）。

我々の社会は、もはや、物質的な豊かさを求心力として利用できないところまで来てしまっている。そして若い世代から順に、それに代わる求心力を模索し始めた。中高年世代もうすうすそれに気づいてはいるのだろう。しかし、社会のシステムや、職場という小回りのききにくいものは、いまだにモノを供給することに軸足をおいたままで、新たなモチベーションについては、それは個人の問題とばかりに無関心だ。新入社員の六七・三パーセントが「あまり収入がよくなくともやりがいのある仕事がしたい」と回答している（「働くことの意識」調査）のは、あながち新入社員のタテマエとは限らない。

そこから生まれたのが、長期にわたって就業できないニートという社会現象だろう。厚生労働省のニート自立支援事業の専門委員という仕事をしている関係で、ニートにヒアリングをする機会があるが、心身のメディカルな問題をもっている場合を除けば、多くの場合、その出発点は無気力にある。無気力といえば単なる「怠け者」をイメージしてしまうが、つきつめれば、気力が湧いてくるようなモチベーションを発見できないという現象である。それは物欲や金銭欲をわかりやすい求心力とすることができなくなった豊かな社会のネガティブな側面でもある。欠乏を知る世代からすれば、ぜいたくに過ぎる言い分に聞こえるだろう。「仕事は遊びじゃない」と言いたくもなるだろうが、我々が生きる社会は知らず知らずのうちにそこまで来てしまったのだ。

擬態する若者たち

逆に、そんな社会状況の中で、それなりに就業し、働くことができている若者たちはどうなのだろう。一部のエリート予備軍のような若者たちは、内発的な動機づけを発見できている。これは昔からそういうものだろう。エリートのエリートたるゆえんは、いつの時代も、自分なりのモチベーションを見つけだす資質にある。そうではない場合、彼らは一見、日々元気に仕事に邁進しているように見えても、内に秘めた思いは複雑だ。私は彼らを「擬態社員」と呼んでいる。

日本の企業組織は、企業戦士時代以来の伝統で、非常に高いモチベーションを要求しがちだ。金銭欲や物欲あるいは立身出世といったものを求心力とすることのできない世代にとって、それは険しい道だ。メゲる要素ばかり多く、やる気を維持するのが大変だとは、若い社員たちが共通して言うことだ。たとえメゲたとしても、欠乏の苦しさを知る世代の上司はただ「がんばれ」としか言えない。若者たちが本当に聞きたいのは「どうしたらがんばれるか」なのだが、そんな疑問に正面きってつきあってくれる上司がいるとは彼らも考えていない。そのことでややこしい事態を招くくらいなら、上の世代向けに通りのいいキャラクターを演じているほうがどれほど快適か。ありのままの自己提示をすることのリスクを考えれば、上司にとって安心な人物像を装い、上司の無関心を誘うほうがよほど得策ということになる。昆虫や爬虫類の擬態よろしく、会社という環境に表面的に同化してしまい、本性を巧妙に包み隠すほうが楽だ。

ただ、その戦術ではメンタル面の問題は解消されずに残り続けることになる。日本生産性本部メンタルヘルス研究所の調査によれば、職場でメンタル面に問題をかかえる社員は三〇代に集中する傾向があるという。これは職場が把握できたケースについての統計なので、擬態社員が多いことを考えれば、その比率はさらに若い世代に集中するだろう。

そういう擬態社員たちのメンタルな問題のはけぐちとなっているのが、インターネット上のブログや、「ミクシィ」に代表されるSNSである。

ブログは非常に簡便な日記形式のウェブサイトだ。タレントやスポーツ選手など有名人のブログは一日に何万というアクセスがあるが、無名の一個人でも、日記もしくは雑感帳のようなブログをもつ若者が多い。無料でブログを開設できるようになったことが普及を加速した。もちろんそこにアクセスするのは、何らかの交友関係のある人々である。ブログが理屈のうえでは全世界に対して公開されているのに対して、SNSは、一定の範囲にしか公開されていないブログのようなものだ。そこではたとえばこのようなコミュニケーションがされている。

「最近、些細なことでムカッ！　ときます。なので、人と話をするのが億劫になります。人と関わると疲れます（以下略）」

これを読んだ友人たちがコメントを書き込んでくれる。

「えーっ○○（ニックネーム）ってば、そんなことあるの？　あんまりムカついたりしないんだと思っていた。岩盤浴のチケットまとめ買いしたから、ぜひまた行こうゼイ！」

「私も最近○○さん元気ないなあって思ってた。大丈夫？」

一昔前なら帰宅後、友人に電話でグチをこぼしていたのだろうが、インターネット時代は勤務中でもこういうコミュニケーションが可能なのだ。オン、オフの区別はもはやあまり意味をもたなくなっている。仕事上の「これどうすればいいんですか？」といった質問も、上司や先輩に相談するより先に、このようなルートで社外の友人にしていることが多い。若手社員が予想外に能率よく仕事をこなしていたら、「知恵の共有」というインターネットの恩恵を利用していることを疑ったほうがいい。

元サッカー選手の中田英寿が引退にまつわる心情を自身のブログだけで吐露したことが注目されたが、直接語り合うよりもインターネットやメールのほうが気持ちがうまく伝わると考えるのは、最近の若い世代の特徴だ。

その中田英寿も新たな出発を「自分さがし」という言葉で表現していた。それに共感するかは別として、職業を「手応えのある人生のための〝自己探求〟」であると考えるのも、この世代にかなり共通することだ。モノの満足を獲得するためには、さまざまな選択肢を提供できる社会であり、企業だが、このようなニーズに対しては無関心のままだ。せっかく採用した人材なのだから、うまく活用したほうが経営にとって得策であることは言うまでもない。報酬や昇進ではないもので、どのようにすれば社員のモチベーションを高められるかは、資金調達や商品開発とならぶ経営の重要な課題である。そのことを忘れると「一身上の都合で辞めます」というメール一通を残して、彼らは、悪びれもせずに翌日から会社に来なくなるのだ。

第2章　若者の「失われた十年」とインターネット

小泉時代とインターネット

二〇〇六年九月二六日、五年五カ月首相の座にあった小泉純一郎が退任し、その職は安倍晋三に引き継がれた。安倍が就任した直後の支持率は、朝日新聞の調査で六三パーセントとまずまずの高水準だが、小泉就任時の七八パーセントには及ばなかった。

首相の交代は、政局的に「死に体」状態に追い込まれ、投げ出すように退陣を余儀なくさせられ、さらにその後、自民党内のボスたちの隠微な談合があって、どこからか新首相が登場する、といった経緯をたどることが多い。小泉の首相就任は派手な二〇〇一年の総裁選を戦ったあげくもぎとった勝利だった。安倍も総裁選で勝利したのだが、小泉の時に比べれば、非常に静かな政権交代だった。その安倍はおよそ一年で中途半端に退任することとなる。そのあとを継いだ福田康夫も一年に二日足りない短命な内閣だった。次に、麻生太郎が就任した。事情はよくわからないが、小泉以後、政権らしい政権がないままに三年近くが経過した。そして二〇〇九年八月、総選挙の地すべり的勝利によって、政権は民主党に移り、鳩山由紀夫が総理となった。

後世、小泉時代はどのような言葉で回想されるだろうか。小泉劇場、ワンフレーズポリティックスと揶揄されることの多かった小泉は、日本の首相としては珍しく、たしかにメディア戦術に長けており、支持率をうまく政権の求心力に転化させていた。それは小泉自身の資質でもあっただろうし、周辺のスタッフの周到な計画性にも支えられていただろう。特に意図していたわけではないのだろうが、小泉はインターネットからもかなりの追い風を受けていた。

パソコンとインターネットの本格的な普及が緒についた一九九五年当時の首相は村山富市（在任一九九四年六月三〇日～九六年一月一一日）。以後、橋本龍太郎（在任一九九六年一月一一日～九八年七月三〇日）、小渕恵三（在任一九九八年七月三〇日～二〇〇〇年四月五日）、森喜郎（在任二〇〇〇年四月五日～〇一年四月二六日）と続き、あの国民全体を巻き込んだ熱狂的な二〇〇一年四月の総裁選を経て小泉に政権がバトンタッチされた。ちょうどその頃が、ブログが急速に広まった時期に合致している。その意味で小泉はブログ時代の最初の首相とも言えるだろう。

テーマを小泉ウォッチに絞り込んだブログが数多く現れ、立場は賛否両方あったが、そのどれもが、新聞やテレビの報道があまりとりあげない、小泉の真意がどこにあるか、といったことが多く論じられていたように思える。小泉のテーマが構造改革である以上、「改革」される既得権益集団との先鋭的なバトルにならざるを得ず、そのためには真意をあけすけにすることや、敵を明確に名指しすることとは得策ではないと官邸周辺は判断したのだろう。ブロガーたちはそのあたりの分析に関心をもったようだった。

代表的な小泉ウォッチャーの一人であるＧｏｒ·ｉは小泉退任を機に自身のブログ「Irregular Expression」を閉じた。その後、いったんは再開されたようだが、更新の頻度は極端に低い。その締めくくりの言葉は「小泉総理の五年五ヶ月はもうすぐ終わる。今言えることは、本当にただただ『面白かったよ！　ありがとう！』という事だけ。（中略）その時代にブログを持ち多くの読者と触れ合えたことに感謝」というものだった。

政治家同士の駆け引きや談合ではなく、大衆の反応を意識的に政権の基盤に据えた首相も初めてなら、ブログや掲示板の書き込みを通じて、そういう小泉の手法に対する、さまざまな人の意見や解釈に接することができたことも初めてのことだった。ブログが普及したまさにその時期に、その格好の素材を提供してくれる首相が登場したことは奇遇としか言いようがない。実際、これまで一般の人々の政治にまつわる意見には、せいぜいテレビの街頭インタビューや新聞の投稿欄という、マスメディアの編集を経た形でしか接することがなかった。自分の周囲の人と政治について雑談的に話すことがないわけではないが、まとまったことを話す機会はゼロに等しい。それからすれば、ブログ時代と重なった小泉時代は画期的だった。多くの無名の人々が、首相の新しい施策や、新しい事態への対応があるたびに、その印象や分析を表明する。政治に関して、というより政治に限らないが、これほどさまざまな人々のさまざまな意見に接することができるようになったことの影響は計り知れない。メディアの側からは「便所の落書き」という批判があるが、それでもなお、この環境は新鮮な驚きだったし、その影響は大きいだろう。

ブロガーたちの小泉に対するスタンスは賛否まちまちだったが、プラスマイナスを計算すれば、どちらかといえば小泉にとって追い風だった印象だ。郵政解散後の総選挙では投票率が戦後最大の伸び幅となり（前回の五九・八六パーセントから六七・五一パーセントへ）、それは都市の無党派層ないし若年層が投票したためだと言われている。エコノミストの田中直毅は、年金問題が象徴する「公的枠組みのいかがわしさ」が一九六〇年生まれより下の世代により強く意識され、そのため、これまで若い世代の投票率が低い水準にとどまっていたが、郵政解散をきっかけとして、変化への期待感が生じ「多少なりとも政治関与の姿勢を強めた」と分析している（『週刊東洋経済』二〇〇五年九月二四日号）。インターネット上の小泉ウォッチャーたちも、おおむね一九六〇年以降の生まれの世代だった。ブログを通じてメッセージを交換することが、あるいは、ただそういうやりとりを眺めるだけであっても、政治に対するリテラシーを高めることになったのだろう。

小泉とその周辺は、ブログで盛んに小泉の一挙一動が論じられていることをどの程度把握していただろうか。小泉は、インターネットでメールマガジンを配信した最初の首相でもある。最初の所信表明演説でメールマガジンを配信することを宣言し、内閣発足後二カ月めの二〇〇一年六月からスタートした「小泉内閣メールマガジン」は、ピーク時には二〇〇万人が登録していた。その後、徐々に購読者は減ったものの、政権終末期でも、読者はゆうに一〇〇万人を超えていたという。最終号にあたる第二五〇号で、小泉は退任にあたっての心境を述べ、自作の短歌「ありがとう　支えてくれて　あ

りがとう　激励　協力　只々感謝」で結んだ。退任前日の最後の記者会見では「緊張と重圧の中、天がこのつらさに耐えるよう仕向けた。これを乗り越えなければいけないと思いやってきた」と慎重な言葉づかいで述べているので、メールマガジンのほうではおどけてみせたのだろうか。

最終号までのメールマガジン配信総数は約四億五〇〇〇万通、寄せられた意見や感想は約四九万件にのぼったという。政権の座にある者が、直接、国民に語りかけることは、たとえば大恐慌から第二次大戦にかけてのアメリカ合衆国大統領フランクリン・ルーズベルトの「炉辺談話」の例がある。これはホワイトハウスからのラジオの生中継放送だった。権力者がまったくマスメディアの介在なしに国民に語りかけるということは画期的で、まさにインターネット時代の産物といえよう。ただ、影響力という点では、「小泉内閣メールマガジン」よりも、無名の人々のブログのほうが大きかったのではないかと思えるのだが、そのブログにもこのメールマガジンの内容はしばしば引用されていたので、ブロガーに素材を提供するという意図もあったのかもしれない。

インターネットは、接触していない人はまったくの「圏外」状態になっているわけで、そういう意味では、インターネットに接触する生活習慣のある人と、そうでない人との間に、かなり大きなギャップが生じていたことが想像される。小泉ウォッチャーたちのブログでも、我々はこうしてインターネットを通じて意見交換をしたりすることで認識を磨くことができるが、インターネットと無関係な人はマスメディアの論調の影響をモロに受けてしまうのではないか、といったことが危惧されていた。

小泉改革とは何だったのか

一九九二年秋に出版された中野孝次の『清貧の思想』はほどなくベストセラーとなり、「清貧」という言葉や、本文中に引用されたワーズワースの「低く暮らし、高く思う」という詩句が流行語となった。九二年といえばバブル景気が一気にしぼみ、まだ不景気の底が見えないといった混沌とした状況だった。鴨長明、良寛、蕪村といった日本の先人たちの禁欲的な精神生活を紹介した内容で、高度成長期に働き盛りを迎え、この時期に方向性を見失った中高年世代を中心に多くの読者を獲得した。最近も、これと似た論調をもつ藤原正彦の『国家の品格』がベストセラーになっている。両者に共通するのは、倫理性や礼節を、モノの豊かさの追求と対置し、精神性を重視することを提唱することだ。しかも、それは我々の過去の体験の中にあったもので、今こそそれを「復活」させるべきなのだ、という趣旨である。

書籍に限らず、たとえば映画『ＡＬＷＡＹＳ　三丁目の夕日』も同じニュアンスをもったものに属するだろう。コミック誌「ビッグコミック・オリジナル」に連載中の西岸良平の『三丁目の夕日』を原作としてはいるが、マンガの登場人物たちをうまく組み合わせて、東京タワー建設中の昭和三三年の東京のある家族の物語として再構成したものだった。宣伝コピーには「今ほど便利でも豊かでもなかったが」「小さいけど大切な夢」「人情味あふれる人々が生き生きと暮らす」といった言葉が並ぶ。さらに安倍晋三が総裁選直前の二〇〇六年七月に出版した『美しい国へ』にも、このニュアンスは受け継がれている。

九二年の『清貧の思想』はともかくも、小泉内閣の終末期にこのような言説が多く流布され、また一定の共感を呼んだのはなぜなのだろう。それは我々が我々の社会の過去についてどのようなイメージをもっているかと関係しているように思える。図式的に分析してみよう（図2-1）。

図2-1　富の分配の座標系

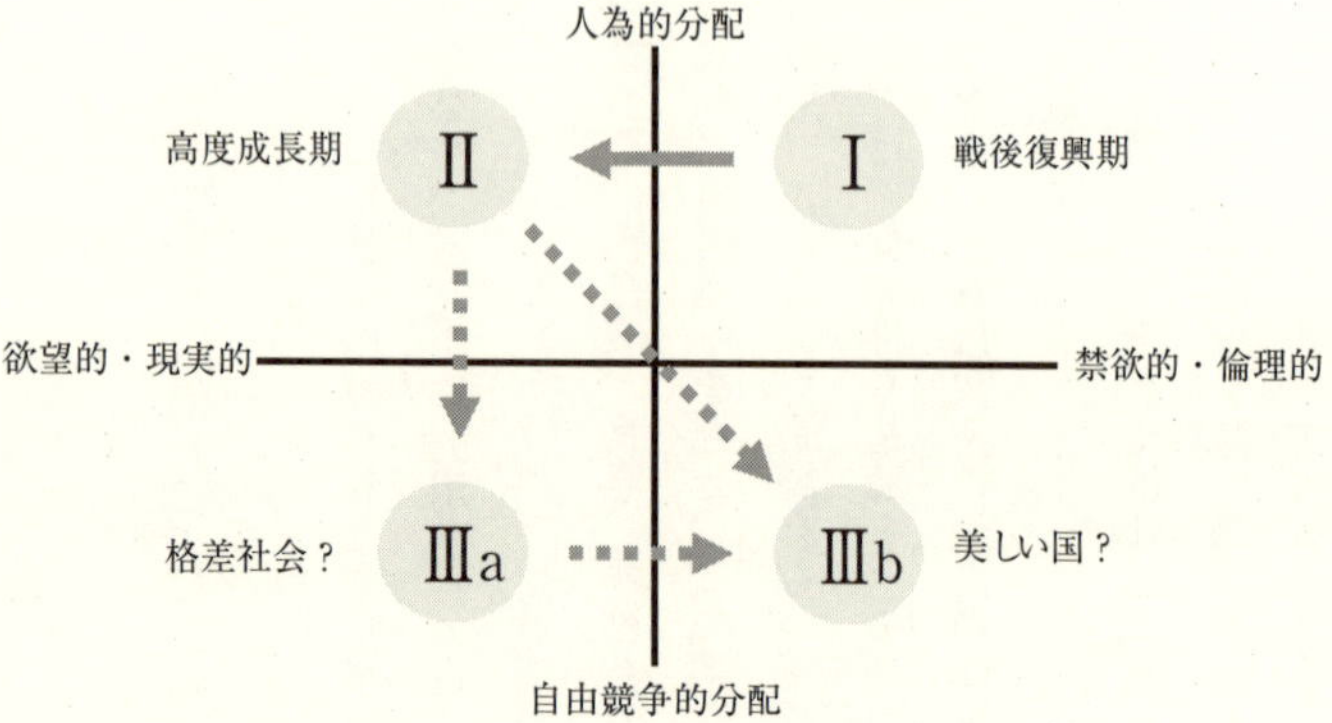

図で「Ⅰ」は戦後の高度成長期以前の時代である。まだ生産力は十分に回復しておらず、戦後復興の段階である。戦災で多くの人々が家族や財産を失い、新円切り替えやインフレで生活が窮乏していた時代のことだ。闇物資や米軍の物資の取引などで成金になる人もいたが、我々の記憶と

しては、乏しきを分かち合うことで生きてきたというイメージがもたれている。この頃は、家族も地域社会もまだ健在だったのだ。映画『三丁目の夕日』はこの「Ｉ」の時期の最後の一瞬、つまり高度成長期前夜を描いたものだろう。「乏しきを憂えず、等しからざるを憂える」のだから、おのずと富の配分は福祉的、つまり人為的、ないしは政治的な調整の時代である。当然のことながら禁欲的にならざるを得ず、しかも我々の記憶の中では、今よりはずっと倫理的でもあったと考えられている。「武士は食わねど高楊枝」といったところだろうか。

次に「Ⅱ」は高度成長期のことだ。この時期、我々は一転してモノに対する欲求をおおらかに解放していった。「三種の神器」「３Ｃ」といったキャッチフレーズは、マスメディアがこのような新しい風潮をカリカチュアするために用いたものだったが、むしろ、平均的な生活者がとり揃えるべき耐久消費財のリストとして受け取られ、多くの人々がこのモノによるカード合わせゲームに興じた。

この時代も、富の配分は政治的であった。「乏しきを分かち合う」段階はようやく脱出したが、急速に発展する都市の工業生産と、衰亡していく田舎の農業生産とのバランスをとるために、やはり政治的な調整が必要だった。都市と農村の「不均等発展」という言葉がよく使われた。そのことをもっとも明瞭に意識していたのはおそらく田中角栄だろう。都市で生産された富を公共事業によって地方に配分するシステムは、急速な経済発展のプロセスでは、必要不可欠なものだったと言えるだろう。昨今の中国の状況などを見ると、それを痛感する。このシステムは今、低成長の時代を迎え、無用の長物となるだけでなく、利権の温床となり、財政負担となりながら一向に整理できないでいることは皮肉だ。

「Ⅱ」とは、とりもなおさず「ライフスタイルの五五年体制」のことなのだが、経済成長がその成果を表し始めると、配分する富の量も大きくなり、より豊かな生活をめざして際限もなく、分け前の奪い合いが始まる。

企業においても、市場でガチンコ勝負をするのはあまりエレガントなことだとは思われず、系列や談合によって、つまりは業界内政治力のようなものが業績を左右しがちだった。

礼節のもつ意味

小泉構造改革と呼ばれるものは、この状況にメスを入れようとしたものだ。郵便貯金の資金が財政投融資を通じて公共事業に投入されるというルートを断ち切ろうとしたわけだが、最近になって、利権を整理すること自体が一つの利権となっていた可能性を「かんぽ問題」が示唆した。利権というものの闇の深さを痛感させる事件であった。しかし、いずれにしても、数百兆円を超える国債を抱え込むことで財政の硬直化を招いているということも問題だっただろうし、半世紀以上もこんなシステムでやってきてしまったことによって、いわば「人心が倦んでしまった」ことも問題だった。

つまり、小泉の目標はなんとか「Ⅱ」から脱出することにあった。「Ⅱ」は、宿敵の旧田中派とその後継者たちの牙城でもあり、政治力学的にも合理的だった。そのために諸悪の根源である人為的、政治的な富の配分システムを壊す必要があり、そのために選ばれたのが、自由競争的なシステムという劇薬を処方することだった。その目標は完全に達成されたのではないかも知れないが、少なくともその道筋はつけたと言っていいだろう。だが、そこからどこへ行くかは今後の政権担当者の力量や世論の動向次第というところもある。

小泉退任後、格差社会論などを軸に、新自由主義批判が噴出した。さらに、二〇〇八年秋以降の世界金融危機を契機とする不況を背景に、一層勢いを増したようだ。もちろん劇薬を処方したのだから何らかの副作用があって当然だが、利権に安住したい勢力、つまり「Ⅱ」を根拠地とする人々の巻き返しという側面もあるだろう。新自由主義批判において特徴的なのは、弱肉強食の市場メカニズムか、弱者救済のための政治的調整か、という二者択一的な論法である。ある社会のシステムが全域的に市場メカニズムに任されることもないし、全域的に人為的な、あるいは政治的な調整にゆだねられることもありえない。ある特定の領域の運営方法の選択肢として、競争的なシステムがふさわしいか、それとも調整的なシステムがふさわしいかを合理的に選択しているのが実情だ。

世界金融危機のきっかけとなったサブプライムローンの問題でわかったことは、アメリカの住宅政策は非常に調整的で、福祉的ないし社会主義的なものだった。通常のローンの与信枠の小さい人々

——たいていは低所得層であったり、移民や難民であったりする——に対して住宅ローンを提供する。しかもこれはノンリコースローンといって、仮に返済が滞っても、手に入れた住宅を手放せばそれで終わりというものだ。通常の住宅ローンは、手に入れた住宅を処分してなお借り入れを完済できなければ、ローンが残ってしまう。つまり、借り手はほとんどノーリスクで住宅を手に入れることができるのだ。これは社会主義的持ち家制度と言っても過言ではない。もちろん貸し手は民間金融機関ないし半官半民の住宅ローン運営機関だが、このようなシステムを政府が公然と容認したわけだから、これは低所得層への一種の福祉政策だった。それが非常にハイリスクな金融商品として細分化され、さまざまな金融商品とまぜて販売され、後に非常に深刻な経済危機を招いてしまったことは別の問題だ。アメリカであっても、このように調整的な政策を選択することはあるわけで、逆に、アメリカの医療制度はかなりの程度、市場競争に任されている。

話を戻そう。際限もなくモノの欲求を増殖させることが修正されないまま、自由競争的なシステムに軸足をおけば、「Ⅲａ」に行く。これはいわゆる格差社会のイメージに合致する。図では「禁欲的・倫理的」となっているが、要するに「足るを知る」メンタリティーを広く定着させることができれば「Ⅲｂ」へ行く。ここはどのような社会像なのだろう。

先に触れたベストセラーもよく見れば、この座標軸で配置できる。中野孝次『清貧の思想』は自由競争に対するスタンスは不明だが、明らかに「足るを知る」ことに肯定的だ。藤原正彦『国家の品格』は自由競争に否定的で、武士道精神を称揚しているから、倫理的、礼節重視であり、際限もない物欲に否定的だ。安倍晋三『美しい国へ』は自由競争に肯定的で、倫理性を高めようというニュアンスが感じられる。ということは安倍の目標地点は「Ⅲｂ」に一致していることになる。自由競争によって経済を活性化させつつ、倫理的なものや礼節を重んじて、格差社会のネガティブな側面を回避しようという目論見だったのだろう。優先度の高い政策として「再チャレンジ」と「教育改革」を挙げているのは、「Ⅱ」から「Ⅲａ」へ行くことなしに、「Ⅲｂ」にソフトランディングすることを意図していたものと思われる。安倍の後の福田、麻生についてはこの図式に配置することができない。できないというか、配置できるほどの政策が提示されていない状況だ。

モノに対する際限もない欲求は、モノ離れしていく若者たちを見る限り、さほど深刻な課題ではないようにも思える。しかし、若者たちにはそれとはまた別の課題があり、そのことが日本の将来の方向感を示しているのではないだろうか。そのことはナナロク世代というくくりで眺めると見えてくる。

ＩＴ起業家のニューウェーブ——台頭するナナロク世代

株式の上場で得られた資金の使い途を問われて「とっておきます」と答え、周囲を唖然とさせたミクシィの笠原健治社長、ひきこもりからＩＴ企業家となったペーパーボーイ・アンド・コーの家入一真社長はナナロク世代と呼ばれる。ＩＴ起業家の第三世代がおおよそ一九七六年前後に生まれているからだ。第一世代がソフトバンクの孫正義、第二世代がホリエモンこと堀江貴文と楽天の三木谷浩史で、それに続く世代という意味だ。笠原が七五年生まれ、家入が七八年生まれである。

第一世代、第二世代が、カネの力で既存の企業秩序を破壊してやろうといったギラギラした野望を感じさせるのに対して、ナナロク世代の経営者はどこか飄々とした雰囲気を漂わせる。もちろん、なにがしかの成功を収めるのに必要なしたたかさは彼らにもあるのだろうが、それをあまり表には出さない。起業の動機も「そこにやりたいことがあったから」というところに軸足がある。また「自分のやっていることが人の役に立つならうれしい」という感受性をもっていることも大きな特徴だ。

こういった特性はＩＴ起業家だけに見られるわけではなく、ナナロク世代全体に見られる特性と言えよう。世代文化という視点からすれば、ナナロク世代とは七〇年代後半以降の生まれの若者たちのことだろう。二〇〇九年春の新入社員意識調査でも、「人や社会から感謝される仕事がしたい」という考えに九四・一パーセントが肯定的だ。先に述べたように、収入よりも充実感を重視するダウンシフター志向も広い範囲に見られる特性だ。豊かな社会にあって、もはやモノを求心力とすることができない状況で、若い世代がかろうじて発見した求心力がそういう広い意味での充実感だった。仕事の主な動機づけが〝なりわい〟から〝自分さがし〟に移ったと述べたのはこのような観察から導かれたことだ。

しかし現実には「やりたいことが見つからない」若者たちが大多数であり、フリーターやニートに話を聞くと、この「やりたいことが見つからない」という思いにとらわれるあまり、安定した就業ができないでいることも多い。社会の主流を占める中高年世代は、なにはともあれ「なりわい」をたてることに必死になり、さらに、よりよき「なりわい」のために否応なしに粉骨砕身せざるをえなかった。そのため、こういう若い世代の課題についてあまり関心がない。関心がないというより理解できないのだろう。

深刻な就労アノミーの中で

よりよき「なりわい」と比べれば「充実感」は非常に高度な目標であり、常に「これでいいのか」と自問自答し続けることになりかねない。モノに還元できる目標は非常にわかりやすいが、「自分さがし」のゴールは不透明だ。しかも、雇用の流動化が進み、さまざまなことが職業として認知されるようになった社会にあっては、そのゴールに向かって進む手段も実に多種多様な選択肢がある。このような状況は就労アノミーという現象として理解するとわかりやすい。

アノミーというのはごく端的に言えば、目標と手段とが複雑に葛藤して合理的な解決策が見えにくくなっている状態である。現代社会には程度の差はあるものの、常に付随する問題とされる。しかし、日本にあっては、ライフスタイルの五五年体制が象徴するように、生活一般の目標と、そこに至るための手段が比較的クリアであったため、これまで、あまり深刻な問題ではなかった。ところが、そういう状況を脱皮してしまった時代にはこのことが主要な課題となっていくと思われる。

その範囲も就労に限らず、たとえば社会学者の羽渕一代は恋愛アノミーという言葉で、若い世代の恋愛状況が複雑化し、晩婚化の一因となっていると指摘している（「青年の恋愛アノミー」岩田考他『若者たちのコミュニケーション・サバイバル――親密さのゆくえ』）。また美容アナリストの岸紅子は「（化粧品が厚生労働省の認可制でなくなったこと、外資系の盛んな参入などで）美容に関連する商品がこの十年で爆発的に増えたため、逆に選択肢がありすぎて選べなくなってしまった」と、「美容難民の増加」という現象を指摘している（『美の知力』）。モノが十分に供給され、可処分所得もそれなりにある状況で、消費者は逆に不透明な状況に追い込まれ、どうしていいかわからないというのだ。これは社会学的には美容アノミーという現象と考えられる。

恋愛にしても、美容にしても、メディアの影響などで「恋愛しなければ」「美しくあらねば」という社会的プレッシャーが高まる中で、その目標を達成するための選択肢が際限もなく膨張していることが浮遊性を高める結果になっている。後に述べるザッピングという現象も、アノミーに対する反応の一つとして理解することができるだろう。何が合理的な選択であるか不透明ならば、次から次へと選択肢をザッピング――リモコンでテレビのチャンネルをのべつ切り換えながら視聴すること――するしかないわけだ。

葛藤する目標と手段

アノミーについて少し説明を加えておこう。アノミー（anomie）という概念は、一九世紀末から二〇世紀初頭にかけて活動したフランスの社会学者エミール・デュルケム（E. Durkheim 1858–1917）が最初に提唱したものだ。彼は『自殺論』（一八九七年）の中で、当時のヨーロッパ各国の自殺を統計的に分析し、その社会的条件の一つとして、社会的規制が弱まった状況下で欲求がとめどもなく亢進することを挙げ、それを原因とする自殺を「アノミー的自殺」と名づけた。産業化の進展と、それにともなう伝統的秩序の弱体化によって招かれる社会的病理を特徴づける概念として注目された。

しかし、それはあまりにも素朴な概念で、産業革命直後の近代化初期の社会ならまだしも、現代的な課題にはあまり有効ではないと見られるようになった。そのため、多くの社会学者がアノミー論の修正を試みた。代表的なのがマートンのものである。

第二次大戦後、アメリカのマートン（R. K. Merton 1910–2003）はこの概念に「目的」と「手段」という要素を加えて、現代的な課題を説明できるものにした。目的を達成する手段には社会的に正当化されるものと、そうでないものがあり、後者によって目的を達成しようとするために社会を混乱させたり、社会通念を否定したりすることをアノミーと呼んだ。さらに個々人の選択の自由度が高まった現代社会にあっては、目的とそれに到達する手段が極端に多様化し、単に正当、不正というだけにとどまらず、目的と手段の間に複雑な葛藤が生じるようになった。また、目的は恣意的に選ばれるのではなく、文化的に与えられるもので、それを達成するための手段も制度的に規定される性質のものであると考えた。目的と手段の間の葛藤という視点は実に秀逸なもので、ここでとりあげるのも「目的と手段の葛藤」という意味でのアノミーである。マートンはアノミーに対して個々人がどのように反応するかを類型化している。

①　順応（Conformity）

その社会が文化的にもっている目的に対して、その社会で認められている正規の手段で目的を達成する。この適応方法が自然と身についていることがまっとうな社会人の条件ということになる。

②　革新（Innovation）

社会的に認知された目的を達成するために、社会的な慣習に従ったまっとうな手段を選ばずに、新しい手段を考えてしまうケース。金めあての強盗や詐欺といった逸脱行動も、おおむねこれに含まれる。ホリエモンの一件は、ミリオネアになりたいという目的（それ自体は広く共有されている）に対して、強盗や詐欺といった明らかな不正ではないものの、ぎりぎりの線をついたために司法上の問題となったケースである。「革新」というニュアンスに非常に近いものと言えるだろう。

③　儀礼（Ritualism）

自発的な自己抑制によって目的のほうを制限し、文化的に与えられる目標をあえて達成しようとはしないものの、社会的なルールは守ろうとする。

④　逃避（Retreatism）

社会的に共有されている目的も求めず、またそのための努力も放棄している場合。いわゆる「ひきこもり」はこのケースの非常に極端な事例と考えられる。

⑤　反抗（Rebellion）

既存の目的も否定し、目的を達成する（制度的）手段も否定する。新たな目標とそのための新しい手段を追求する。

第二次大戦によって、敗戦国日本は大きな社会的変化を経験したが、戦勝国アメリカにあっても決して例外ではなく、アメリカン・ドリームと禁欲的なプロテスタンティズムに彩られた素朴な社会がさまざまな変化を経験した。一例を挙げれば、戦災によってヨーロッパの生産活動が停滞し、そのためアメリカの産業は世界の工場という地位を獲得した。経済が急拡大し、ホワイトカラーが増加した。郊外にニュータウンが建設され、戦争とは無関係だった若い世代の豊かで自由なライフスタイルが注目を集めた。反面、このようなライフスタイルの陰には、リースマンが『孤独な群衆』に描いたような、孤独や、社会的成功のプレッシャーにさいなまれる中流層の姿もあった。少し時代が下れば、カウンターカルチャー的なムーブメントが出現し、既存の価値観や慣習に反抗する動きも浮上していった。マートンがやや先取り的に見ていたのは、このようなアメリカ社会の姿であった。

夢をもち続ける——蒸発する目標

九一年頃を境に、就労の動機づけが「なりわい」をたてることから「自分さがし」に軸足を移したと述べた。このことは、文化的目標という視点からすれば、文化的目標がたんに変化しただけでなく、一挙に高度化し、しかもゴールが不透明になったことに他ならない。ナナロク世代が中学を卒業する頃のことだ。自分の進路について考え始める時期に符合する。「なんでもいいから自分なりの夢をもち続けることが大切だ」という社会的メッセージが頻繁に見られるようになったのも、この時期からである。大和総研の長谷部潤はナナロク世代の特徴を「ナンバーワンではなく、オンリーワンを目指している世代」と表現する。アイドルグループ「スマップ」が二〇〇三年に歌って二七五万枚の大ヒット曲となった「世界に一つだけの花」からの連想だろう。

就労の目的は第一義的には「なりわいをたてる」ことにある。特に、敗戦後の復興期から高度成長期にかけては、誰もが食うや食わずのところから再出発しただけに、このことが強く意識された。その後、社会全体が急速に豊かになっていった時代にあっても、そこから取り残されたくないという思いは非常に強かっただろう。そのため、たんに「なりわいをたてる」だけにとどまらず、常に、よりよく「なりわいをたてる」ことが長く意識されてきた。

だが、高度成長期の成果である豊かな社会に生まれ育った世代――郊外の3ＬＤＫに生まれ育った世代――は、よりよき「なりわい」よりも、むしろ、自分を流れていく時間の質、言いかえれば、手応えのある人生を送ることのほうをより強く意識するようになった。モノの面では、これ以上、どこへも行き場がない。たしかにミリオネアの生活はあるかも知れないが、それがさほどハッピーなこととも思えない。ならば、別のベクトルを模索しようか――。親のライフスタイルを見ていて、彼らの世代はそう思ったのだろう。

それは、おそらくごく自然な反応だったのだろう。別にこの世代でなくても、常に子どもは親たちとは異なる人生のベクトルをもちたがるものだ。しかし「なりわい」から「自分さがし」への軸足の変化は、やや意味が違う。よりよき「なりわい」は、たとえば年収で計量することができる。中流層の生活では、持ち家があって、老後にさほどの心配がなく、多少のレジャーが楽しめれば満足という、おおまかなゴールもある。終身雇用と年功賃金の時代には、こういったことも先が読めて、計画的な対応もできた。ところが「自分さがし」は、結局のところ、自分自身の満足感でしか測定できないものだ。しかも、仕事は同時にいくつも試すことができない。また、一つの分野に習熟するには長い年月がかかる。つまり、仕事というものは体験として比較検討することが非常に困難なものなのだ。「なりわい」から「自分さがし」への軸足のシフトは、たんに目標の主題の変化にとどまらず、かなりやっかいな事態の浮上を意味する。いわば「パンドラの箱を開く」ようなもので、文化的目標の水準が一気に高まり、かつ、不透明なものになった。「よりよきなりわい」と異なり、これで十分満足というゴールがつかみにくい。逃げ水を追うことにも等しい。そんな終わりのはっきりしないゲームに巻き込まれるということは、際限もなく「これでいいのか」と自問自答し続けることになる。しかも、若い世代向けのメディアには、特に雑誌に顕著だが、数々のビジネスの成功者の華々しいストーリーが満ちあふれ、それに触れることは、俗に言う「元気をもらう」ことにもなるだろうが、反面、自分の日常に対する現実以上の不充足感にもつながるだろう。

複雑化する手段

もう一方の制度的手段も近年、大きな変化を経験した。拙著『新卒ゼロ社会』でも指摘したように、戦後の新卒雇用の最大の特徴は、学校から職場へと空白期間なしに接続する「学校経由の就職」と、終身雇用とまで言われた超長期雇用である。この二つの制度が一般化することによって、我々は長く、職業選択についての意思決定は、一生に一度きり、学生として就職活動をする時に限られてきた。それも、指定校制度や、縁故、教員などによる推薦に左右される性質のものだった。これもまた、経済の急速な成長期にあって、できるだけもれなく全員に「なりわい」を配分するよう調整する意図に基づくものだった。ところが、中途転職（この場合、勤務先を変更すること）や、職種の変更が広まり、キャリアコースを自分で設計することが可能になり、同時に必要にもなってきた。また、そもそも選択しうる職業も多種多様になってきた。つまり、一生に一度きりだったものが、常に選択できる可能性をもつものになった。もちろん、積極的に選択する場合もあるが、逆に、企業経営の安定性の低下によって、否応なしに新しい選択を迫られる機会も、以前にくらべればはるかに多くなった。一般的には雇用流動性の高まりという言葉で理解されていることは、アノミー論の制度的手段という視点からは、個々の勤労者が常に選択の可能性にさらされるという、やっかいこのうえない状況を迎えたことを意味する。

あてどない航海

このようにして招かれたのが、就労アノミーである。文化的目標は高度化し、しかも漠然としたものになった。制度的手段は極端に多様化し、それぞれの効用が不透明になった。しかも平成不況下で企業の置かれた状況はめまぐるしく変化する。企業業績の浮沈は激しく、つい先日までエクセレント・カンパニーともてはやされた企業が、ある日、突然に悪評ふんぷんたる企業に変身してしまう。伝統ある一流大企業も、破綻したり、M&Aで買収されてしまったりすることが珍しくない。学校を卒業する時点の判断など、数年の賞味期限さえあやしい。もはや一つの企業を生活のシェルターとして頼みにすることは非常にリスキーなことになったのだ。若者たちはそれを敏感に感じ取っている。

このようなことが明瞭に浮上してきたのがごく最近のことだけに、本来、若い世代になにがしかの指針を与えるべき上の世代にとっても、キャリア教育やキャリアカウンセリングが必要であるという認識はもちながら、具体的にどのような指針を与えるべきかいまひとつはっきりしない。親も「学校経由の就職」と「終身雇用制」の時代の世代だけに、今もって「いい学校」から「いい会社」に進むことだけを子どもに期待しがちだ。これがさらに若い世代の就労アノミーを加速している印象だ。

アノミー論の枠組みにしたがって、昨今の若い世代の反応を整理してみよう。「順応」――いろいろ迷いつつも、それなりの企業を選び無難に就職するケース。だが、迷いは就職後も解消しないので、第二新卒やジョブホッパーといったことを招きがちになる。「革新」――新卒起業を試みたり、フリーター経由で正社員を狙うといったケースだろうか。「儀礼」――計画性のない、あてどないフリーター生活をするタイプがこれにあたる。「逃避」――ある種のニートに近似するイメージだ。「反抗」――特に定職をもたず株式のデイトレードや、インターネットオークションで生活費を稼ぐタイプだろうか。

さらに就労アノミーに対する新しいタイプの反応として、「ザッピング」がある。リモコンによって手許でチャンネルを変えることができるようになって、テレビ視聴の習慣は大きく変化した。それまでは、新聞の番組欄などで見たい番組を探し、事前にこの番組を見ようと決めて視聴することが普通だったが、リモコンの普及以後は、随時チャンネルを切り換えながら見ることが広まった。そのことをザッピングという。いわばテレビ番組の部分的な「つまみ食い」のことだ。

若い世代が職場に定着しにくく、「七五三現象」（新卒就職者の三年以内の離職が中卒で七割、高卒で五割、大卒で三割に達するという現象）という言葉が使われるようになって久しい。それは、よく言われるように、昨今の若者たちが昔より「こらえ性」がなくなったせいでは必ずしもないだろう。彼らは以前とは比べものにならないほど深い就労アノミーを生きているのだ。テレビを見る時のように、めまぐるしく職業を見直し、「おいしいところ」をつまみ食いしたくなる心情は理解できる。案外、それは就労アノミーとめまぐるしく変化する環境に対する合理的な対策なのかも知れない。

しかし、深いアノミーに対するナナロク世代の反応は必ずしも理にかなったものばかりではない。

花屋の店先に並んだ　いろんな花を見ていた
人それぞれ　好みはあるけれど

どれもみんな　きれいだね
この中で誰が一番だなんて　争うこともしないで
バケツの中　誇らしげに　しゃんと胸を張っている

（『世界に一つだけの花』作詞・作曲　槇原敬之）

先にも触れたこのヒット曲を聞いた時にも思ったが、あるがままに自己肯定してしまうことはリアルな現実との合理的な対決を回避する、極端な浮遊性と紙一重である。ＮＰＯでボランティアしています、エコロジーのために啓蒙活動しています、といった若い世代の行動は、思慮深い、有意義な試みになることもあるが、不安定な自己像をつかのま補強し、未熟さをあるがままに受け入れてしまう微温的ファンタジーにもなりかねない。二〇〇四年、イラクで武装グループの人質になった三人の若者たちについて、多くの人がもったであろう印象も、この延長上にある。若者たち自身もそういう見当外れな努力にとらわれてしまうことがままあることは認識しているようだ。「イタい」という若者言葉は、目的と手段とが葛藤しているだけでなく、矛盾していることを指すニュアンスを含んでいる。見ていて痛々しいという意味なのだろう。

マンガ家の福満しげゆきは一九七六年生まれ。まさにナナロク世代だ。自伝的ないし、自分自身の日常生活を描写する作品が目立つが、そこに表れる自分自身は、常にびくびくとして何かに怯えている人格として描かれる。妻に対して、編集者に対して、同業のマンガ家に対して、そして顔の見えない読者や、街ですれちがう人々に対してまでも。内面的な葛藤はさまざまあるのだが、それは何の意味ももたない。ただ、変な人という印象を周囲に与えるだけに終わる。強すぎる自己愛、強すぎる自負心と、あまりにもひ弱な対人関係能力。このギャップの中で、彼の日常は鬱々と過ぎていく。それが克服される可能性もなく、彼はその「終わりなき日常」を生きる。イタいといえばあまりにもイタいマンガなのだが、ファンは次第に増えているようだ。

同じナナロク世代のIT起業家たちは、まがりなりにも会社を立ち上げ、それなりの業績をあげるところまで来るのだから、諸先輩たちに劣らぬしたたかさがあったのだろう。ただ優先順位というか、アクセントの置きどころが諸先輩とはちょっと違っていた。このような、新しいIT起業家たちの働きかたもまた、就労アノミーの産物なのだろう。ただ順応するのでもなく、目的も手段も全否定して逃避するのでもなく、アノミーに対する反応の類型で言えば、おそらく「革新」に属すると思われるベクトルを模索している。

九一年頃から次第に深刻になった就労アノミーは、七〇年代半ば生まれ以降の若い世代一般に散見される浮遊性をもたらしてもいる。だが、それと区別がつきにくいのだが、ナナロク世代のIT起業家に見られるような、これまでの産業社会の枠組みにとらわれない新しいタイプのワークスタイルを浮上させもしている。こういったことがポスト産業社会と、そこに生きるための知恵を招き寄せつつある。

執事カフェはどのようにして生まれたか

最近、メイド・カフェなるものが流行している。ただの喫茶店にすぎないのだが、ウェイトレスがヴィクトリア時代のメイド風（あくまで〝風〟だが）のコスチュームで、「いらっしゃいませ」と言うかわりに「ご主人様お帰りなさいませ」と言う。客（ほとんどの場合、男性に限られる）は、その館の主人という役どころで、そのようなシチュエーションを楽しむことがアキバ系の男子に受けている。働くほうも、そういうコスチュームを着てシチュエーションを楽しむことが好きなコスプレ好きの女子である。おそらくメイド姿のウェイトレスは原寸大のアニメ・キャラクターなのだろう。秋葉原は今やメイド・カフェの聖地で、駅周辺に三〇軒ほどがあるという。秋葉原の街を歩くと、角ごとにメイド姿の女の子が立ってチラシ配りなどをしている。外国人観光客の間にも知れ渡っているらしく、一緒に記念写真を撮る光景が見られる。

このメイド・カフェはあくまで、そういうものを好む〝萌え〟好きの男子向けである。だが、似たような好みをもつ〝萌え〟好きの女子もいるわけで、どうして女性向けのものがないのかを真剣に考えた女性がいる。

ネット上のニックネーム〝小池〟は二九歳の女性。このニックネームは、ファンであるタレントの名前からとったらしい。ナナロク世代としては最年少に属するだろう。妄想をふくらませているうちに、メイド・カフェの女性向けは「執事カフェ」だろうというアイデアに行き着く。ごく自然ななりゆきで「執事カフェ」のブログを立ち上げ、似たようなことを考えている人々とコミュニケーションを始めた。ミクシィでコミュ（同じ関心をもつ人のミクシィ内の集まり）も作った。多くの人の参加を得てアイデアはどんどん精緻なものになり、店名やメニューが決まり、運営マニュアルまで作成された。勤務先の関係から実際の営業を引き受けてくれる企業も見つかった。二〇〇六年三月に、オタク系の女子――〝腐女子〟と自称される――の聖地、東池袋で執事カフェ「スワロー・テイル」は開店にこぎつけ、またたくまに人気店となり、まもなく増床までするにいたった（図2-2）。

このプロセスは実にナナロク世代的である。これまでビジネスを発想するのはあくまで企業側であり、その中で、マーケティングが行われ、あるいはマーケットリサーチが行われ、アイデアが煮詰められていくのが普通だった。ところが、このプロセスはまったく逆である。「こんなものがあったらいいな」という生活者がまずあって、それがインターネット上で集積されながら企業側にコミュニケーションされる。したがって、執事カフェの場合がまさにそうだが、開店の時点では、事前のプロモーションも宣伝もまったくノーコストで完了しているのだ。最近のインターネットの世界では、何かのアイデアを思いついたら、ネット上に持ち出すだけで、それ以後のことは集合知によって自動的

図2-2　りさの日記

ということで♥
行ってきました！帰ってきました⁉

◇「執事喫茶」◇(゜Д゜)モキャァ

とりあえず感想を一言で言いますと，
「すっごい華やか。っていうか，緊張さえした。」

予想以上の喫茶でした(゜_゜)マジデ

お値段は2500円くらいで結構かかるのですが，
それに見合う，素晴らしいサービスとお料理でした。
どこかの高級レストランかと思うくらい。

本気で１回は行った方が良いと思います。

ですが！(゜Д゜)
写真１からも分かるように，日々満員の喫茶です。
行きたい方は事前予約をオススメします◇
…まぁ，その予約さえあまり取れませんが…(´Д｀。)クスン
ていうか，行きたい方は私まで声かけてください◇
また行きたいので◇(笑)予約意地でも取りますから！←(笑)

ちなみに写真２は秘密の花園(？)執事喫茶へと続く地下への階段です◇
この階段を降りると，ドアマン執事登場
執事：「ご予約のお嬢様でいらっしゃいますか？」

扉を開くとそこはもう別世界。
たくさんの執事様たちから「おかえりなさいませ」の嵐。

そしてビックリなのが，ポットがテーブルに置いてあるにもかかわらず，紅茶を自分で注いではいけないこと。ベルを鳴らし，テーブルに付いてくれた執事さんに注いでもらうのです。

なんだか，とても優雅でドキドキする時を過ごせました♥(´▽｀)ハゥ

注：当時，女子大生だった“りさ”が執事カフェに行った経験をブログに掲載したもの。

に解決されていく、というヴィジョンに真実味が感じられる。

ワークスタイルとしてはナナロク世代そのものだ。〝小池〟本人によれば、大学卒業後、デパートに勤務したが、接客が苦手なため、コンサルティング会社の事務系の仕事に転職したという。執事カフェのアイデアを思いつかなければ、おそらく、そのまま仕事を続けていただろう。「やりたいこと」を発見してしまい、それをネットに持ち出した瞬間から、急展開が始まった。〝小池〟は、次のプロジェクトである「ギムナジウム・カフェ」の立ち上げに奔走し、これも実現させた。ギムナジウムというのはドイツの全寮制の男子校のことで、萩尾望都の『トーマの心臓』といった少女マンガを知る人なら、どういうカフェかおおむね察しがつくはずだ。原宿の「エーデルシュタイン」も腐女子たちの聖地の一つとして、毎日、多くの〝巡礼者〟を集めている。

深い就労アノミーに直面するという体験は、日本の歴史上、いや人類史上でも、おそらく初めてのことで、その意味でナナロク世代は大きな実験をしている。何も参照すべきものがない中で、浮遊したり、着地点らしきものを発見したり、またそれを見失ったりしながらの暗中模索が続くだろう。

職場というシェルターの中でモノの豊かさを追求する生きかたは、自由競争的なシステムという劇薬が処方されることで、過去のものになった。しかし、それに代わる生きかたのモデルを、我々はまだしっかりと発見するには至っていない。就労アノミーや、時にその中で浮遊してしまうことは、その劇薬の副作用である。

新しい生きかた——対人関係のモードの変化

我々の社会がなにがしかの曲がり角を迎えていることは誰の目にも明らかだろう。これまで長い間、なにはともあれ信頼されてきたものが、次々とその馬脚を露す。とうてい理解できない感受性をもった人が増えつつあると感じさせる事件がたてつづけに起きる。我々が生きる環境への基本的な信頼感がゆらいでいる、そんな感じだ。

この転機について、ある人は戦後の諸制度が耐用年数を過ぎたと考え、別の人は右肩上がりの経済成長が終焉したと考える。ある人は格差社会に原因があると考える。どれもそれなりに理にかなった見方だ。しかし、こういった現象のもっとも深いところで影響しているのは、日本人の対人関係の基本的な様式が変化しつつあることではないか。だとするなら、これは少なく見積もってもおよそ三〇〇年ぶりに迎えた転機である。これまで我々が当然のように受け入れてきた対人関係の基本モードが全国的に定着したのは江戸時代も半ば頃のことだった。

広い平地に水田が広がり、そこに農家が点々と集落を形成している。そんな典型的な農村風景は実は比較的最近のものだ。戦国武将が領国の生産性を高めるために盛んに治水工事をし、大河川の下流の沖積平地に農業の拠点を移すまでは、より上流の扇状地が農民の主要な居住圏だった。おのずと耕地規模も小さく、土壌も豊かではなかった。一つの土地で農業を継続することは難しく、長期的に見れば農民は氏族を単位として転々と移動をくり返していた。肥沃で広い空間に農業の拠点が移動したことで初めて日本の農民は本当の意味で定住民となり、並行して兵農分離が進み、純粋な職業集団としての農民が形成された。ここから固定的な生活空間としての惣村社会が生まれた。この変化は元禄・享保の頃まで続き、この新しい生産インフラによって人口が爆発的に増加した。

ライフスタイルは大きく変化した。何代にもわたって一つのところに定住し、固定的な社会関係に位置づけられるようになった。この種の固定的な生活空間に囲い込まれたのは農民だけではなかった。武士にとっての藩はもちろん、都市の商人や職人にとっての店や同業組合もそういう役割を果たした。

互いに濃密な対人関係にとり結ばれ、相手の気持ちがわかる距離感の中で、理非を論ずるよりは互いに譲り合い、自己主張よりは「和」を重んじ、自分の「分」を守る。そういう関係は、人々が一つの社会的関係の中に全身で帰属することで初めて可能になる。その母体がこのようにして出現した惣《そう》村《そん》社会である。人々が何代にもわたって一つの関係に囲い込まれ、そこを離れては生命の維持すら困難であるというメカニズムの中で、我々はこうした特異なコミュニケーション・モードを身につけた。

経済史家の速水融はこれを契機として「勤勉革命」が起きたと指摘する。勤勉に働く日本人というイメージのルーツである。同族集団が解体し、一組の夫婦とその直系家族で構成される「イエ」を単位とする生産と消費のサイクルが形成され、そこから庶民の間にも画期的な生産活動への動機づけが生まれたという。それだけではなかっただろう。上位の生産の単位としての惣村が制度化され、貢納の責任も惣村という、いわば「法人」が負い、村方三役などの惣村自治や、村民の帰属管理のシステムも入念に整備された。惣村はたんなる生活空間という以上の意味をもつに至った。この固定的な対人関係の中で安定した地位を保ちたいという動機が生まれ、そこから、相互的な視線のネットワークを媒介として禁欲的な労働倫理が補強されたという事情も深く関係しているように思える。

なにはともあれ、固定的な生活空間で生きるというライフスタイルは、こういう経緯で出現した。そして、元禄・享保期にはほぼ全国的に定着し、その後およそ三〇〇年にわたって日本人の生活意識を決定づけることになった。それは、安心できる「よりどころ」であると同時に、重苦しい「足枷」でもあった。

空気読め！——気持ちをわかりあう関係

我々は「場」という生活空間を今でもイメージできる。ごく日常的な語感からしても、この言葉にはどこか和風の匂いがつきまとう。「その場の雰囲気を察する」「場をはずす」「場数をふむ」などなど。我々が今なおもち続けている、感受性の深いところにある琴線を刺激する言葉だ。そこに属する者たちが空間的な近さを共有する関係にある時、そこには「場」が意識される。おおむね共通する感受性で満たされ、互いに相手の「気持をわかりあう」ことができる関係が生まれる。「空気読め！」という若者言葉は、この「気持ちのわかりあい」を苦手とする人々の出現と、今なお「気持ちのわかりあい」がコミュニケーション・モードとして必要とされていることとを同時に示している。

「気持ちのわかりあい」を基本原理とする惣村共同体的な世界を、我々は〈世間〉という言葉で意識することがある。職場という〈世間〉。ご近所という〈世間〉。業界という〈世間〉。また〈世間〉様などと言えば、漠然と社会全体を思い浮かべることができる。このような独特のコミュニケーション・モードの原型は、江戸中期までに完成された惣村のライフスタイルからもたらされた。

明治維新を契機として欧米の諸制度が続々と導入されたが、その多くは、このような「場」のシステムに無理やり接ぎ木された。政府そのものも藩閥政府などと呼ばれ、薩摩、長州といった幕藩体制以来の人脈のネットワークが要路をおさえていた。会社は維新前の「大店（おおだな）」にルーツをもつものが多く、後に大企業が出現するに至っても、主人と奉公人といった対人関係はどこかしらにそのまま保存された。学校制度は近代的な国民国家の重要な社会的装置だが、明治五年の学制公布以来の初等教育は、惣村社会の一員を育成する性質を帯びた寺子屋や藩校の機能を部分的に継承する性質のものだった。

惣村社会そのものも変化を経験した。従来の自然村は地方行政の枠組みに取り込まれるにあたって統廃合されたものが多く、いわば行政村ともいうべきものに改組された。また、地租改正によって近代的な土地所有制度と金納税制が導入された。閉鎖的で自給自足的な惣村社会の性格は大きく変化したが、その内部を満たす対人関係は依然として幕藩体制下の惣村社会の記憶に彩られたものだった。

新たに生まれた工場労働者たちの職場の状況は、今とは比較にならないほど悲惨なものが多かったが、故郷の親兄弟に少しでも楽をさせたい、あるいは、故郷に錦を飾りたい、といった惣村に起源をもつ動機がそれに耐えさせた。

結局のところ、日本の近代化というのは従来の「場」のシステムの上に、政府だの、軍隊だの、学校だの、大学だの、会社だのといった近代社会のさまざまなソフトウェアを走らせたというものだった。

ライフスタイルの五五年体制の出現

惣村社会が決定的な打撃を受けたのは、戦後の高度成長期であった。敗戦後、ベビーブームが起きるが、それは戦災で荒廃した都市部よりも農村部で顕著な現象だった。その世代がティーンになる頃には経済成長が本格化し、それを支える労働力として農村部から都市部への急速かつ大規模な人口移動が起きた。若い世代だけでなく、働き盛りの人々まで出稼ぎや季節労働によって都市に移動した。今日見られるような極端な人口の都市集中はこのことによって招かれた。

この人口移動は、農村部、都市部の双方で伝統的な地域コミュニティーをほぼ完全に解体した。農村部にあっては人口が減少し、地域コミュニティーを支えることができなくなり、都市部にあっては地域コミュニティーと無関連な新住民が増加したり、そもそも地域コミュニティーが存在しない場所にニュータウンが作られたりで、やはり変化を免れなかった。程度の差はあるものの、我々が近所の人と通り一遍のつきあいしかしなくなって久しい。固定的な地域コミュニティーは生きていくうえでさほど切実なものではなくなった。

この時、我々は惣村社会的な生活空間を捨てたのだろうか。現実の惣村社会は解体したものの、惣村社会的な対人関係やコミュニケーション・モードは、別の場所に移植されることで生き延びた。惣村社会的な対人関係のモードがムラ以外の例えば都市や近代的な組織へ転移し、一種の「擬制村」が形成されること自体は、明治維新以来の近代化の過程でじわじわと進行してきたことだが、高度成長期をきっかけとして現実の惣村が解体を始めるや、突然、噴出するようにその動きが活発化した。

現実の惣村の弱体化に比例するように、職場に、終身雇用制という対人関係が拡散していった。終身雇用制というシステムはたしかに一代限りのもので、その意味では惣村社会とは根本的に異なるが、当事者にとっては惣村と同様の固定的な生活空間だった。純粋に地縁的な結合とはまったく無関係なところに「場」を発見することを我々は本格的に開始した。

このようなことが起きたことの元々の出発点は、戦地から復員した大正世代や、戦後まもなく働き始めた昭和ヒトケタ世代が、生活防衛のためのシェルターを職場に求めたということだった。しかし、その後もそれが維持され、事実上の制度にまでなったのは、ひとえに成長期が長く続いたことによる。

成長期にあっては、労働力の確保が経営上の優先課題となり、いきおい人材をできるだけ長く囲い込もうとする意向が強く働く。新卒で採用した人材には定年まで勤務してもらうことが合理的になる。賃金体系も長く勤務し続けるほうが有利なように設定される。それが年功賃金制だ。年功賃金制とは生涯賃金を定年近くに比重をおいて支給し、定年まで勤務することを有利にする制度だ。言い換えれば、若いうちは市場価格を下回る価格で働くことで、中高年になってから、市場価格を上回る価格で働かせてもらえる「利権」を手に入れるシステムである。

終身雇用と年功賃金が雇用関係のディファクト・スタンダード（事実上の標準規格）となると、必ずしもそれが経営にとって合理的ではない企業やその他の組織にあっても、人材確保の競争のために、そのシステムを採用せざるを得なくなる。そしてますますディファクト・スタンダードになっていく。

このようにして本来、機能集団であるはずの企業組織は「第二のムラ」へと変貌した。このことは企業組織だけではなく、行政組織をはじめとする各種の組織や、業界団体などにも波及した。また、一度解体した農村の地域コミュニティーも、選挙区を単位として「第二のムラ」として再編成され、代議士を媒介としてさまざまな恩典を享受するシステムが形成された。かくして、サラリーマンだけでなく、ほとんどすべての国民がそれぞれの「第二のムラ」の終身雇用制の枠組みの中に取り込まれることとなった。これは中間層の急速な増加と並行する現象だったが、それを上回る勢いで「中流意識」が広がり、総中流意識社会が出現した。

終身雇用制というゲームのルールが明瞭になったことで、我々の生活のさまざまなものがそれを前提として組み立てられるようになった。終身雇用制では一度そこにもぐりこんでしまえば、そこそこ安定した一生が約束された。ただ、どういう水準で安定するかは会社などそれぞれの「第二のムラ」の格で微妙に異なり、どうせ一生を託するならより安定した「場」の中にいるほうがいいに決まっているということから、いわゆる一流大企業にもぐりこむための競争が生じた。

一流企業のほうが安定性があるという考えかたは、会社の業績が自由競争で決定するのではなく、業界内での地位や、顧客や監督官庁との縁の深さによって決定される要素が強かったことに支えられていた。商談は価格と品質の競争によって決まるのではなく、顧客とのパイプの太さ、つまりはどれくらい近い距離にあるかということで決まりがちだった。会社もまた、同業者と取引先と監督官庁とで構成される、一種のムラ社会の一員だったわけだ。価格と品質の競争に血道をあげるのは新参者のすることで、エレガントな企業にあっては双方のツーカーの関係のようなもので決まり、商談は市場でのバトルよりはむしろ、ゴルフ場や銀座のクラブあたりでの世間話にちょっとつけ加えられる「あの件よろしく」といった言葉で決まる性質のものだった。我々の社会のもっとも基本的なメカニズムであるはずの市場原理さえ、ムラ社会的な力学に蚕食された。終身雇用制自体は一つ一つの職場の問題だが、そのような対人関係のモードは、マクロ的に社会の全体を覆いつくした。

このような閉鎖的で不公平なシステムが特別に問題視されなかったのは、高度成長期には急速にマーケットサイズが拡大し、そのため〝割を食う〟側においても、それなりにメリットが期待できたからだ。

かくして、本当の仕事はアフターファイブに始まり、それまでの時間は会社というムラの中のさまざまな政治的かけひきや、タテ社会的社交のために費やされることとなった。日本のホワイトカラーの帰宅が遅いのも無理もないことだった。

ニュータウンの家族像

企業戦士の妻たちは、夫の遅い帰宅を当然のことのように受け入れていた。その多くは専業主婦であり、また、その家庭のほとんどは核家族だった。しかも、その核家族は地域コミュニティーを形成せず、相互に孤立していた。この家庭像はまったく新しいものだった。専業主婦といえば、女性の標準的な生きかただと思われがちだが、実際は、ごく新しいものである。昭和初期に企業サラリーマンが増加し、これにともなって専業主婦なるものが目立ってきたわけだが、それは微々たる数の高級ホワイトカラー層に限られていた。当時の農業人口比率を考えれば、ほとんどの主婦が家事労働だけでなく、直接、生産活動に関わっていたと言える。商家にあっても同様だ。専業主婦が増加したのは、戦後、農業や自営業中心の社会からサラリーマン中心の社会に変化したためだ。職場と家庭が分離し、さらに終身雇用制がもたらす安定感が主婦を直接の生産活動から遠ざけた。これは戦後の高度成長期に進行したことで、専業主婦なるものは昭和二〇年代生まれの、あの「団塊世代」の女性たちによって急速に増加した。この戦後型、都市型の専業主婦は、核家族化と地域コミュニティーの崩壊という二つの背景の中に置かれた。夫婦と子どもだけの家庭、夫の帰りは遅い、近所づきあいもあまりないニュータウン、そんな環境で一人ないし二人の子どもを育てた。そして、このような家庭に生まれ育ったのが昨今の若者たちである。

物村的対人関係モードがほころび始めた後の世代、具体的に言えば、地域コミュニティーが解体し、核家族化、少子化が本格化した後に生まれ育った世代が次第に増加し、彼らは右往左往している大人たちを尻目に、さっさと「次の時代」に先取り的に適応を開始し始めている。ナナロク世代はその象徴だ。若者たちは、人と群れず、「場」の保護膜を頼らず、なんとか自分でサバイバルするテクニックを開発しつつあるように見える。しかし、学校や職場など、いまだ物村的な対人関係モードを前提として構築されている各種の社会的装置の中では適応不全をおこす。インターネットなどにより新しいタイプの対人関係が開かれる一方、旧来型の対人関係が乏しい彼らは、そういう環境で生きるにはコミュニケーション不全におちいりやすい。若者同士のディスコミュニケーションの問題は、携帯電話や、電子メールや、インターネット上のとりとめのない日記がもたらす「薄味の関係」に軸足を移すことで乗り切った彼らも、ここでは、キレてみせるといったごく幼児的なメッセージを提示するのが精一杯だ。

他方、〈世間〉育ち世代は「場」から次第に切り離されていく不安にすくみあがりつつも、既存の閉鎖的な「場」にしがみつかなくても生きていけるのではないか、という思いをもち始めてもいる。我々はこれまで、〈世間〉というさまざまな人間関係に二重三重に保護されてきた。若い〈市場〉育ち世代にとっては非常に居心地が悪いものの、それなしに生きる方法は彼らもまだはっきりとは見つけていない。焦りがあって当然だ。性と暴力という人間のもっとも素朴な力に短絡的に回帰する動きが見られるのはそのためだろう。

熟年世代はかつての〈世間〉の居心地のよさを記憶しているが、否応なしにそこから追い出されようとしている。それでも、まあなんとかやっていけるのではないかという気がするのは、ひとえに我々の社会がもっている最低限の豊かさのためだろう。〈世間〉と我々との関係は、離脱でもなく、追放でもなく、卒業という言葉で考えるのがふさわしいのではないか。最近、「居場所がない」という言葉をしばしば耳にする。この言葉は世代を問わず使われる。〈世間〉なるものに対する、若い世代と熟年世代の非常に対照的な感受性が、ともにこの言葉で表現されているからなのだろう。

「自己決定と自己責任」というスローガンのもと、おずおずと、この関係を卒業しつつある時、我々は新しい孤独の問題と向き合わなければならない。我々は誰もがシェルターなしで、いわば丸裸で社会に放り出されるのだ。自由ではあるが、孤独でもある、そんな思いが募る。しかし、この種の孤独感は何も日本人だけが経験しているのではない。世界中の、自動車を大量生産したり、インターネットを利用したりしている社会に共通するものだ。我々は、ただ、それを経験し始めるのがちょっと遅かっただけのことだ。

多くの人たちが、老いも若きも、なんとも生きにくい時代になったものだ、と考えている。たしかにそうだろう。まず、何を信じればいいのかわからない。まがりなりにもゲームのルールがはっきりしていた時代なら、生き方の方針くらいは立てることができた。しかし、今はそうではない。どういうルールに従うべきかさえ不透明な状態だ。

そして我々はふと思い出す。住宅ローンに苦しみ、受験競争に悩み、物価高やら、出世競争やら、インフレやらに不安を感じていた「あの時代」は、もしかしたら、幸せな「よき時代」だったのではないか、と。

新しい社会のありようの予感

我々がインターネットをあたりまえのように使う時代は、このような大きな転換期に重なった。その奇遇がインターネットの普及を加速したとすでに述べた。それだけでなく、インターネットがあったことが、この変化を個々人が感じ取り、それが一つの潮流となることを加速もしている。

インターネットに接続できる環境をもっている人の多くが、毎日いくつものブログをチェックしたくなるのは、それが「感受性の絆」になっているからだろう。マスメディアは大きな組織なので、そこから発信されるものには個々人の感受性は反映されにくい。なにがしかのフィルターがかかったり、ノイズが入ったりする。ブログは、膨大なアクセスをもつカリスマ・ブロガーのものを除けば、多くのものがとりとめのない日記か、せいぜいメモのようなものだ。それは、あくまで一個人のものである。そこには、一対一でスパークしあえる「感受性の絆」が連鎖するような体験がある。共感できるとか、触発されるとかではなく、ましてや意見が一致することでもない。今のところ、感受性の絆が連鎖する、としか言いようのない体験である。

不思議なことに、それは、どこか居心地のよい場所にいるような安堵感につながる。アメリカにおいてブログが爆発的に増加したのは9・11同時多発テロをきっかけとしている、という話もうなずける。こういったコミュニケーションによって、個々人が感じ取った小さな変化の兆しが、その変化に肯定的であれ、否定的であれ、それとはなしにインターネットを通じて表明しあうことで、かなりのスピードで存在感を増していったように思われる。

伝統的な地域社会はとっくに影の薄い存在になり、家族や血縁との関係も、通り一遍のものにとどめておくほうが楽だと考えられている。かつて磐石を誇った職場という生活共同体も、さほどあてにできるものではなくなった。多くの人々が、昔にくらべれば、なにほどか一人で生きることを強いられることになった。家族の復権、地域社会の活性化のために努力する人は少なくない。しかし、一度、壊してしまったものを復活させることは容易ではない。

利権集団の跳梁跋扈をくいとめるには、自由競争という劇薬を使わざるを得ないと、郵政解散後の総選挙で国民は判断した。そこから「美しい国」が出現するためには、いくつかのハードルがある。まず、我々は、際限もなく自分の周りにモノをかき集めようとする生活から「降りる」ことができるだろうか。そのために礼節をもち出すのは、いささか迂遠な試みのようにも思える。

団塊世代までの、貧しき日本を知る世代が、必死になって働いてようやくのことでたどりついたのが今の豊かさである。問題や不安が多々あることはいうまでもない。だが、少なくともモノやカネについては、案外醒めてしまっているのが昨今の若い世代だ。この点について、マインドチェンジが必要なのはどちらかといえば、上の世代のほうだ。だとするなら礼節という、いささか古くさいカードも意外に効くのかも知れない。インターネットの世界は、礼節とは関係ないかも知れないが、かつてのＩＴ産業を象徴する、野望に満ちたミリオネアの世界でもない。ありふれた生活インフラになることで、インターネットはビジネスの色彩を薄めつつある。

礼節という古い言葉がもち出されるようになったのは、また、その言葉に共感する人が多いのは、グロテスクな行動をとる人が目立つからでもあるだろう。さしたる理由もなく残忍な方法で人を殺したり、教師など高い職業倫理を要求される立場にある人が性犯罪を犯したり、社会の中枢のそのまた中枢で公職にある人が不正な蓄財をしていたり。そこまでではなくても、人目をはばからないふるまいに辟易《へきえき》させられたり。

教典宗教をもたない我々が、ここまで秩序を保ってくることができたのは、共同体の中に相互監視するメカニズムがあったからだ。相互に観察しあい、いわば視線の圧力で逸脱を防止してきた。近代的な法体系が整備された後も、我々の行動をコントロールしていたのは、法よりはむしろこの視線の圧力のほうだろう。何が許され、何が許されないかは、別に文書で決まっているわけでなく、我々が分かちあっているその場その場の感受性で決まっていた。状況に応じて倫理基準が変わるという一種の変動相場制のようなシステムだった。日本において礼節とは、その言葉の出生地である中国における意味とはやや異なり、つまるところ個々人の美意識の問題だったのだ。

インターネットは社会のありようがそのまま反映される。だから、グロテスクなふるまいも山ほど見かける。「炎上」「荒らし」「晒しあげ」とまでいかなくても、邪気をはなつ言葉を見ることは日常茶飯だ。反面、リアルな世界でのグロテスクなふるまいを指摘する、澄んだ言葉もしばしば見るのだ。インターネットがなければ、闇から闇へ隠されてしまったであろうことが、いつのまにかネット上に浮上してくる。組織的隠蔽工作など、インターネット時代にはほとんど不可能だ。不正な利権集団にとっては脅威となりうる。

何か新しいテクノロジーが人間のライフスタイルを根本的に変えてしまうことなどあまりない。だが、日本においては、インターネットの普及が、たまたま社会の枠組みの大きな転換期にそれを迎えたために、単にインターネット上の問題にとどまらず、個々人の生きかたに深く関わるものとして経験されている。新しい社会のありようは、微妙なココロの変化が電子的なデータに置き換えられ、そこかしこでスパークしあうことで加速され、次第にリアルなものとして形を帯びつつある。

第3章　若者の働く意味の変化

擬態と変化——市場育ち世代のソーシャライゼーション

急激な社会状況の変化に適応することは難しい。特に旧体制の中で人格形成をとげてしまった上の世代にとっては、人生の途中で、はしご外しをされたような違和感がともなうだろう。今、多くの中高年世代が将来に不安を抱え、あれやこれやの期待外れに甘んじながら暮らしている。釈然としない思いがつのるが、しかし、自分の感覚のほうがもう時代遅れなのか、とも考えてみたりする。じっと息をひそめてあたりをうかがう。かつて赤提灯で一緒に愚痴をこぼしあった仲間とも、もはや本音では語り合うことが難しい。あいつはもしかしたら、周囲に気づかれないうちにうまく身を翻してしまっているのではないか。何事にも慎重に、慎重に。慎重が過ぎて、唯々諾々と流されていく。

こんな風景に、ふと、擬態——という言葉を思い出す。褐色の樹の表皮と区別のつかないある種の蝶。枯れ枝そっくりの姿をした細身のカマキリといった風の奇怪な昆虫。周囲の風景にとけこんでしまい、天敵に捕食されないようにじっと息をひそめている。率直に自己提示をすることがひどくリスキーだと考えている。その意味で、最近の中高年世代の生態は——擬態である。いや、これは最近の中高年世代に始まったことではなく、生活を抱えた終身雇用サラリーマンが時間をかけて培った生活の知恵だったような気もする。

あるがままの自己提示がリスキーだという感覚は、今や、むしろ若い世代のほうに顕著に見られる。そこで採られる擬態のテクニックは、擬態の仮想敵が大人たち、あるいはその大人たちの作った既存の社会、と明確な分、大人たちのものよりずっと先鋭的だし、見ようによっては積極的だ。

二つのテクニックに分かれる。一つは異形化とも呼ぶべき方法。目立ちすぎて大人たちには理解不能な外見にすることで、かえって相手の無関心を誘ってしまう巧妙なやりかた。茶髪も、ピアスも、タトゥーも、ガングロも、あのヤマンバギャルも、この目的のために出現したと言っても過言ではない。もう一つは隠蔽化。風采のあがらない外見というか、本当に目立たない、何の特徴もない外見を装うことで天敵の無関心を獲得する。このテクニックの究極の形態は、本当に自分の姿を自室に隠してしまう「ひきこもり」ということになるだろうか。昨今の若者たちのヴィジュアルイメージはおおむねこのどちらかの系統に分類できる。

巧妙な擬態によって大人たちの無関心を誘いつつ、その陰で、さまざまな形で着実に社会にボディーブローを与えているのが昨今の若者たちだ。数百万人のフリーターによるストライキ、もっと多くの若者たちによる晩婚化、少子化。モノの豊かさにあまり関心をもたないことは一種の不買運動として作用する。擬態によって巧妙にカモフラージュされた、未組織抵抗運動によって、既存のシステムは着実にダメージを蓄積しつつある。

この世代間闘争は、今のところ、若い世代が優勢となっている。この動きによって静かに社会は変化しつつある。議会の決議も、政府の通達もなく、さらに街頭デモがあるわけでもなく、テロがあるわけでもない。若者たちは、ただ自分たちの感受性に忠実に生きているだけだ。そのことが今、社会のありようを変化させるもっとも大きな原動力を与えている。

昆虫の擬態は、当の昆虫に枯れ葉の姿を真似ようという意志があるわけではない。若者たちも同じだ。彼らに社会を変えようという意図があるわけではなく、ただ、自分に似合うと思える服を着たり、好きな音楽を聞いたりするのと同じように、あまりあくせく働かなかったり、あまりモノやカネにこだわらなかったり、子どもでもできない限り結婚に踏みきらなかったりしているだけだ。だが、それが結果的に社会に、大人たちに、大きな打撃を与え、社会のありようを変化させている。

この社会は若い世代から目立たないボディーブローを食らい続けることで静かに変化していく。若者たちの行動によって、年金は崩壊の瀬戸際、人口は減り始め、消費は冷え込む。かつての若者たちのように、街頭に出て市街戦さながらの異議申し立てはしない。大人たちをあからさまにからかうこともしない。大人たちからすれば、明瞭に敵対的な姿勢を示すわけではないので、かえって意表をつかれる。いわば伏兵だ。昨今の若者たちは、彼らの親である団塊世代が若者だった頃よりも、はるかに賢くなったのだ。あからさまに敵対的な行動をとることがさしたる成果も残さなかったことにくらべ、彼らは、日々、はるかに確実なダメージを既存のシステムに与えている。擬態で負担を軽減させる戦術は広い範囲の世代に見られる。しかしその中にも、巧妙なものと、さほどではないものとがある。静かな変化を招き寄せる力の強いものと、さほどではないものとがある。若者たちまでもが、中高年世代のような擬態をするようになったのは、いつから、どういう経緯でなのだろう。

多様化するソーシャライゼーション

大きくなったら何になるの？　子どもに対するあたりさわりのない質問の定番だ。しかし、我々の社会は、この質問にまともに答えることが難しいという奇妙な社会だった。「何」が、もし職業を指すのであれば、実際にはどこかの会社に入り、そこで割り振られる仕事を無難にこなすしか選びようがなかったのがライフスタイルの五五年体制のお約束だったのだ。

社会学の用語にソーシャライゼーション（社会化）という言葉がある。社会に適応し、その社会の一人前の人間となっていくことだが、その社会の規範がしっかりと内面化されているかが重視される。簡単に言えば、子どもが大人になっていくことだ。これまでは、所属するさまざまなコミュニティーの人間関係を通じて、その社会で広く共有されている規範や、基礎的な知識を身につけてきた。しかし、最近はそれがずいぶん変化してきている。高度成長期以後に生まれた世代は、これまでとは異なるタイプのソーシャライゼーションを経験しているのだ。

かつては村社会の内部の人間関係だけがソーシャライゼーションの主な舞台だった。学制公布以後は、学校ももちろんソーシャライゼーションの舞台である。最近なら、塾、けいこ事、あるいはリトルリーグなどのスポーツの集団といった人間関係も、人格形成に影響を与える。しかし、現代社会にあってソーシャライゼーションはもっと別のところで行われているのだ。

子育てをしている人は口をそろえて「子どもは親の影響よりもテレビの影響を強く受けている」と言う。確かに、発達したマスメディアが発信する大量のメディア情報はさまざまな形で成長に影響を与えているだろう。広告、マンガ、アニメ、ゲーム、インターネットと経路もさまざまだ。そういうメディア情報の多くが商品として供給されていることを考えると、さまざまな商品の影響も見逃せない。高度消費社会にあっては、子どもも一人前の消費者であり、ここに照準された商品が山ほどもある。

高度情報社会と高度消費社会がもたらすソーシャライゼーションの一例を挙げてみよう。小学生の女の子がうっすらと化粧をしていることに気がついたことはないだろうか。かつて化粧をするのは成人女性に限られ、それだけに化粧をしていることが成人女性の目印ともなった。しかし、昨今、化粧開始の低年齢化が著しい。いわゆる学年誌では「小学三年生」からファッションについての記事が掲載され、「小学五年生」から化粧についての記事が掲載される。また化粧品メーカーはこのようなプレ・ティーンをターゲットとする商品ラインナップを豊富に用意している。ランドセルを背負って、薄くルージュやマニキュアをした女の子は今や、特に珍しい存在ではない。化粧をしていないと友達に対して恥ずかしいと言う子が多い。こういった方向づけは、高度情報化社会や高度消費社会のソーシャライゼーション機能が前提となる。

さまざまな人間と直接対面した形で行われるヒューマン・ソーシャライゼーションと、情報や商品によってもたらされるマス・ソーシャライゼーションとが現れ、今や、軸足はどうも後者のほうにあるように思える。子どもたちは、緊密な人間関係で満たされた「世間」で育つのではなく、対比的に言うなら「市場」のような空間で育つものになった。それがマス・ソーシャライゼーションということだ。高度成長期以降のことである。

本来、ソーシャライゼーションの当面の目標は、一個人として自立できるようになるということだ。いかなる職に就き、どの程度の収入を得、どのような伴侶を得て、どんな家族をもつか。第一関門は職業に就くということになる。

ライフスタイルの五五年体制では、サラリーマンになるのが標準的なコースなので、どこの会社に勤務するかという選択は行われるが、職種については組織内で割り振られる性質のもので、自由に選択するわけにはいかない。つまりサラリーマンというのは立場であって、職業や職種ではないのだ。

これでは、子どもたちは自分の将来像を漠然としかイメージできないだろう。俳優になる、歌手になる、プロ野球の選手になる、という場合にくらべて、サラリーマンになるというのは、ネクタイを締めてスーツを着て、といった程度のぼんやりしたイメージしか浮かばない。

思春期を過ぎて、自分の将来像をリアルにイメージするようになる時、これはあまり具合がよくない。子どもたちはさまざまな夢を語るが、中学生になる頃から、逆にそれがだんだんにはっきりしなくなる。高校生や大学生になる頃には、ま、サラリーマンをやるんだろうな、とすっかり達観してしまう。昔のように、なんとかこの貧困から脱出したい、親のしているきつい労働や泥だらけになる仕事から解放されたいという動機ももてないのが、貧困を一掃してしまった高度成長期後の中流日本である。目標の立てにくい社会。ま、サラリーマンをしていれば食うに困ることはないさ、そんな鷹揚な若者をライフスタイルの五五年体制は増やしてしまった。

しかもヒューマン・ソーシャライゼーションよりは、マス・ソーシャライゼーションにアクセントの置かれた育ちかたをしている世代である。つまり「世間」よりは「市場」に育てられた世代である。人間関係の実体験から身についた、人間に対するリアルな洞察力はあまり期待できず、反面、情報や商品をコントロールすることには長けている。中高年世代とはまた違った擬態のテクニックを身につけたのは、こんな経緯もあってのことだろう。

上の世代はまったくのヒューマン・ソーシャライゼーション世代。「世間」こそ彼らの学校だった。しかも東洋の後進国だったので、貧困からの脱出という明確このうえないモチベーションをもっていた。企業戦士とは「世間」という身すぎ世すぎの渦巻く兵営で、一膳飯とたくあん三きれで訓練され、終身雇用制の企業という、これまた泥沼の「世間」を生き抜き、なんとか貧困を脱出し、ほうほうのていで郊外のニュータウンにたどりついた人々のことだ。郊外の3LDKで生まれ育った世代との感受性のギャップは大きい。後に、このギャップは、この社会が初めて経験するほど深刻な、世代間の利害対立のゆりかごとなった。利害対立している両者は、しかし同時に、肩を並べて率直な自己提示を避け、ともに擬態のシェルターに隠棲している同類同士でもある。対立しつつも、同じ生活戦術を採用してもいる奇妙な関係。対立しているのか、同類なのか。しかし、率直に物を言い合えば、同類ではないことはすぐに判明するだろう。

「まったり生きる」という若者言葉は、企業戦士型のライフスタイルの正確な陰画になっている。豊かな時代に生まれ育った世代は、それで十分満足なのだ。郊外の3LDKで生まれ育った子どもたちは、もうここから先に行くべき場所があるわけではない。お父さん、お母さんが必死になってたどりついた郊外の3LDKを人生の出発点とする彼らは、豊かさのフロンティアもほぼ終着点にいることをなんとなく知っている。自分の力でなんとかサバイバルし、その身の丈にあった範囲で「まったりと」生きる。で、フリーターでもいいか、と思ったりする。

フリーターと企業戦士とは対極にある存在だ。だから相性が悪くて当然だろう。片や、営々とモノの獲得競争を続け、モノの豊かさを幸福の指標としてきた。片や、たとえ車があったとしても、たとえ郊外にちょっとした庭付き一戸建てがあったとしても、その人生を流れる時間がクソならどうしようもない、と考えている。

大人たちは「そういう考えもよかろう」と、ものわかりのよいところを見せる。しかし、二言目には「では君の生きがいは?」とか「では君の人生の目標は?」とくる。これが巧妙な誘導尋問だと気づかない心優しい若者は、はたと答えに窮する。「……今、探しているところで……」などと苦し紛れに答える。勝ち誇った表情の大人たち。「だからおまえたちはダメなんだ」と顔が言っている。そんな質問自体がおかしい、とどうして言わないのか。ぼんやりと時間が流れていく人生が、友達ととりとめのない会話をする人生が、モノもお金もたいしてないけれど、でも公的扶助を受けるほど困窮するわけでもない人生を送ることがそんなにいけないのか? すべての人が攻撃的で挑戦的な人生を送る必要などないはずだと、どうして言わないのか?

実を言えば、ほとんどの企業戦士の生活は、さして挑戦的なものではない。それは企業戦士自身が一番よく知っている。仕事そのものは、いわば定型化された管理労働にすぎない。ただ、組織の歯車の一つに徹する日常は、上下左右に慎重な気くばりが必要で、なにかと緊張を強いられる。そういう生活に対する、自分の忍耐力への挑戦という側面はたしかにある。それとひきかえに、安定性とそこそこの標準的な経済生活が保障されるのが企業戦士の生活である。経済の急速な成長期にあって、生活水準で人に後れをとりたくないということが非常に重い主題であった時代には、「安定性」と「胃に穴のあきかねない忍耐」とはバランスのとれた損得勘定だったのだ。フリーター的な生きかたは、低成長時代にふさわしい新しい損得勘定を模索しているにすぎない。しかし、若者たちも確信をもって新しいライフスタイルを発見しているわけではなく、いまだ迷いの中にある。その迷いにつけこんで従来型のライフスタイルに誘導しようとするのは姑息なやりくちと言うべきだろう。大人たちだって、そんなネズミ講やマルチ商法の勧誘のようなことは、本音を言えばしたくはないのだろう。しかし、終身雇用制は常に新たなカモを必要としているという意味で、まさにネズミ講であり、マルチ商法なのだ。このゲームが永遠に、いや、少なくとも自分の人生が終わるまでは、なんとか続いてもらいたい。そのためには多少のウソや反則ギリギリの荒技も、背に腹は代えられない。若者たちが「自分さがし」という不毛な言葉を口にするようになったのは、大人たちの巧妙なマインドコントロールの影響もあったように思う。

昭和ヒトケタ世代から団塊ジュニア世代まで――みんなが被害者なのか

世代間に文化的な対立や感情的な対立が生じることは、これまでも、しばしば見られた現象だ。しかし、昨今、浮上しつつあるのは世代間の利害対立である。これは文化的な対立や感情的な対立とは違い、リアルで切実な問題だけに、面白がって放置しておくわけにはいかない。利害対立のややこしいところは、どの登場人物も自分が被害者だと思う傾向があることだ。この世代間の利害対立にもそういうところがある。

成人として敗戦を迎えた大正生まれの世代から、少年時代に敗戦を迎えた昭和ヒトケタ生まれくらいの世代は、戦後復興が緒についた後、高度成長期に働き盛りを迎えた。その一つ下の世代も、子どもとして敗戦を迎え、やはり高度成長期からバブル景気あたりまでを担った世代である。長嶋茂雄や石原裕次郎の世代だ。これらを一括して復興世代と呼ぼう。

復興世代は、戦後、ほぼゼロの状態だったこの日本をみごとに復興させ、しかも世界一級の経済大国にまでしたことについて、強い、そして密かな自負心をもっている。企業戦士として朝から深夜までひたすら仕事をこなし、ろくに休みもとらず、胃に穴をあけたり、血管をボロボロにしたりしながら頑張った。そして、それを私益の追求だとは考えていないところが特徴だ。常に動機づけの源泉は、自分以外のものに求められる。家族のため、会社のため……。それは、おそらく、どこかで皇国少年という出生の秘密に関係しているのだろう。この世代の半数はすでに引退生活に入り、半数がそろそろキャリアの終末点に達しつつある。彼らは概して、老後に相応の処遇を受けることを一種の権利だと考える傾向を示す。それまでの私利私欲を包み隠した謙虚な態度がうそのように豹変した。私益の追求を、そうではないと言い張ってきたこととの大きな揺り戻しがきたようだ。彼らは、今、手にしている、あるいはこれから手にするであろうメリットを守ることに非常に神経質だ。さらに、自分の得ている手厚い処遇が、下の世代に痛みを与えていることにいささか鈍感だ。

中間にはさまれる、いわゆる団塊世代は、高度成長期以前の貧しき日本を知る最後の世代である。狭義では出生数が二七〇万近かった昭和二二年から二四年生まれの世代を指すが、世代文化で言えば、昭和一八年から、おおむね昭和二〇年代生まれくらいの世代である。この定義に従えば、その総数はおよそ二千数百万人にのぼる。

団塊世代は、後進国に生まれ、中進国で育ち、先進国の大人になった、とよく言われる。日本の社会の空前の大変化を全身で体験してきたわけだが、それにうまく適応してきた。下の世代から見ると、うますぎて、正体が見えない感じがするほどだ。

原っぱの最後のガキ大将とその手下たちが長じて若者時代を迎えるや、復興世代の上半分、つまり大正生まれの戦中派である親世代のいかがわしさを敏感に嗅ぎ取った。彼ら団塊世代の異議申し立ては、なぜか、親世代の過剰とも思える神経質な反発を招き、かえってそれが、たんなる異議申し立てにすぎないものを極端に先鋭化させることになった。そのなごりで、今なお、この団塊世代には「文句つけ番長」的な気風をもつ人が少なくないが、多くは堅実なマイホーム主義的なところに、つまり、上の世代と内容的には同様の、ライフスタイルの五五年体制の中で豊かな生活を実現していく、というところに軸足を移した。

しかし、その老後には不安がある。ピーク時には年間二七〇万弱という出生数は、昨今の少子化時代のゆうに二倍以上で、年金も健康保険も、その他もろもろの高度成長期時代の社会計画が破綻するのは、このやたらと数の多い世代が働けなくなった時だと予測されている。彼らは、終身雇用制の枠組みの中で、企業戦士として営々と復興世代を支えてきたのに、自分たちは下の世代から十分には支えてもらえないことをよく知っている。それで、ちょっと自嘲ぎみになっていたりする。

都市化、核家族化、地域社会の希薄化といった高度成長期の社会変化が完全に定着した後に生まれ育った世代は、豊かな時代の世代らしく、モノに対して鷹揚でありながら、マニアックなこだわりももつという、ちょっと複雑な態度を身につけた。この世代の上のほう、つまり俗に「新人類―オタク世代」と呼ばれる世代は、まだライフスタイルの五五年体制がしっかりとゆるぎないうちに社会にデビューした。その意味では、彼らも後になってから「はしご外し」をされた世代だが、まだ若いうちだったので、比較的、傷は浅い。しかし、今から何か具体的な対処方法をとれるのかと言えば、そうでもない。空前のバブル時代を若い社会人として経験するという貴重な体験に恵まれたことと、なにはともあれ、若いうちに心の準備ができたというのがせめてもの救いだろうか。

団塊ジュニア世代となると、これはもう不況期育ち世代である。ライフスタイルの五五年体制が崩壊過程に入ってから社会人となったので、既存の枠組に取り込まれることのデメリットを感じ取ることができ、そのため、フリーターになる、結婚しない、子どもを作らないといった、暗黙のストライキに打って出ることができた。

世代間の利害対立の構図

一四〇〇兆円にものぼるという個人資産の大半は六〇歳以上の世代のものだという。つまり、ここでいう復興世代である。高度成長期に働き盛りを迎えたため、順調に資産形成をすることができたのだ。この世代は多少の減額はあったにせよ、年金や健康保険の恩恵を十分に享受して去っていくだろう。戦場から命からがら戻ったこと、軍事教練と空襲警報に明け暮れたこと、疎開先でひもじく、心細かったこと、そういったそれぞれの戦争体験のつらさはあった。しかし、その苦労は報われたと言うべきだろう。ゼロから再出発し、世界第一級の豊かな社会を経験し、そこそこ安定した老後を送ることができた。

復興世代を支えた団塊世代。最初の純粋戦後世代は、高度成長期を支える最年少労働力として全国の田園地帯からかき集められ、故郷を遠く離れた大都市で働き、そして核家族を作り、郊外のニュータウンに住んだ。ベビーブームの若者たちは、数が多い分、存在感があり、独特の若者文化が明瞭に出現し、それまでの若者たちと比べれば、若者文化を十分に呼吸する青春を送ることができた。もちろん戦争もなかった。それは、ビートルズであったり、ミニスカートであったり、アイビーであったりといった数々の流行現象を作った。非常に元気のよい若者たちだったが、老後には不安がつきまとう。

新人類世代は、八〇年代を中心とする記号的消費とオタク文化の時代を経験している。先に述べた新しいタイプのソーシャライゼーションを受けた第一世代である。都市化、核家族化といった高度成長期の社会変化によって、若者同士であってもディスコミュニケーション（コミュニケーション不全）が次第に浮上し、人間関係を円滑に維持することになにがしかの工夫が必要になった。この世代が発明した対応策は二つに分かれた。一つは、どのような商品を消費しているかによってパーソナリティーを互いに判断し、コミュニケーションの入り口でのリスクを低減しようとする方法。もう一つは、そもそもコミュニケーションから退却してしまい、自分一人の世界に閉じこもろうとするものだった。どちらにしても非常に画期的なものだったために、大人たちは、事の次第はよくわからなかったが、とりあえず彼らに「新人類」というレッテルを貼りつけた。

それは、復興世代の後半に属する、彼らの親がもたらした豊かさのもとで花開いたものだ。最後にはあのバブル時代の狂騒を若い社会人として経験するという稀な体験をしている。好況期の人手不足から一流企業でも中途採用が増え、転職が珍しくなくなったという意味ではライフスタイルの五五年体制の終末期を担ったということになるだろう。しかし、この世代の大半は、今なお終身雇用制の枠組みの中にあり、団塊世代と同じような「ワリを食っている」感覚をもっている。しかし、ライフスタイルの五五年体制の「終わりの始まり」を、比較的若い段階で迎えたので、新しい時代にいち早く適応した人たちもいる。ベンチャー企業の経営者の第一世代もこの世代に属する。

団塊ジュニア世代は、初めからライフスタイルの五五年体制にはコミットしていない。ポスト「ライフスタイルの五五年体制」の第一世代ということになるだろう。しかし、それは決して平坦な道ではなかった。団塊世代に属する親はライフスタイルの五五年体制に首までどっぷり浸かっているので、思春期以来、親との間で、生きかたをめぐる長い攻防戦を続けてきた。中にはその攻防戦に疲れ、親の意向のままに生きる道を選択した者もいる。しかし、多くの場合、フリーターになる、パラサイトシングルを続けるなど、あの手この手で、親の意向に抵抗を試みている。

上の世代に対する不信感はこの世代が一番強い。フリーターは怠け者だと言うが、働き口を独占しておいて、職にありつけない者を怠け者と呼ぶのはフェアじゃない。ならば、徹底的にそこから逃げてやる。彼らが暗黙のうちに発信しているメッセージはそういうことだ。一四〇〇兆円の個人資産はこの世代がパラサイトすることによって、じわじわと社会に環流されている。間もなく、相続という形でこの世代に所有権が移っていくだろう。

このように、大まかに世代を区切ってみても、それぞれの世代に損得勘定があり、また、他の世代との利害対立がある。自分より上にいる世代が厚くなればなるほど、つまりは、下の世代ほど、上の世代に対する不信感が強くなる傾向があるのはやむを得ないだろう。それがある臨界点に達し、既存の枠組みにコミットしない動きが目立ってくる。それが社会を変化させるモメントを生み出す。おそらくは社会の大きな転換点ではこれまでも、こういうことが何度も起きていたのだろう。明治の秩禄処分は、武士自身が武士の既得権益を整理したとして、その潔さが称揚されるが、より詳しく見れば、維新を担った若い下級武士たちが、自分自身のゼロにほぼ等しい既得権益と、上級武士の膨大な既得権益とを、あっさり切り捨てた動きだった。元々、彼ら下級武士はさほど大きな既得権益をもっていたわけではない。当時の武士社会の大人たちからは、さぞ「とんでもない奴ら」に見えたことだろう。

今や、自分以外の人間はすべて「とんでもない奴ら」に見える時代である。ここに示した世代だけでなく、職業やら、立場やらで、複雑に利害関係が錯綜するからだ。もはや、政治や行政が調整してなんとかおりあいをつけることが難しいところに来ている。そういう諸々のトレードオフ関係の網の目をどのように扱っていくか。我々の社会が抱え込んだ重い課題である。

若者たちが不買運動を始めるまで——我らが高度消費社会の半世紀

際限もなくモノを生産する力を拡大していく社会は、同時に、モノを際限もなく消費していかなければならない社会でもある。だから我々は消費の動機を常に更新する必要に迫られている。この点、我々の社会は敗戦による極端なモノの欠乏状態から再出発しただけに、とりあえずあまり苦労はなかった。そればかりか、一つの動機づけが陳腐化するや、ただちに、次の新たな消費の動機を創作し、人々の関心を新たな商品群に向けることに成功してきた。このことが長い安定的な経済成長の背景になっている。

まず敗戦後から五〇年代にかけては、いわゆる戦後復興の時期にあたるが、復興の具体的なイメージはアメリカの郊外生活者のライフスタイルに求められた。さすがに「生活のアメリカ化」というスローガンを唱えることは憚られたので、「合理的な生活」というやや婉曲的なスローガンが用いられた。その意味するところは、アメリカ的な家電製品や肉類や乳製品のある生活である。当初はGHQが映画で積極的に宣伝して回り、後にテレビ放送が始まると、『アイ・ラブ・ルーシー』『パパは何でも知っている』などのアメリカ製ホームドラマが実に効率的に、我々のめざすべき生活のありようを具体的な映像として理解させてくれた。アメリカにおいても大都市郊外のライフスタイルは第二次大戦後になって本格的に広まり始めたもので、当のアメリカ人自身にとっても新しいライフスタイルであり、だからこそホームドラマの舞台としてとりあげられたわけだが、当時の日本人たちは、アメリカ人は昔からこんな生活をしていたと誤解し、彼我の落差の大きさに嘆息した。

また、外貨払底の折、わずかに日本人に開かれた海外渡航の道はフルブライト基金による留学くらいで、このフルブライト留学組がもたらした情報の影響も見逃すことはできない。フルブライト基金は、アメリカ留学を通じて諸外国に親米的な勢力を拡大する目的があったと思われるが、こと日本においては、親米勢力を形成したことよりも、彼らがもたらした情報が、生活の具体的な目標を提示することに寄与したという意味のほうが大きかっただろう。

――電気の目覚まし時計で起き、電気の安全カミソリでヒゲを剃ります。汽車の洗面所や大学の寄宿舎にも、この電気カミソリのためのソケットがついています。朝食にまずオレンジか、人参やセロリーなどの野菜を電気の機械で簡単にしぼった汁を飲んで、狐色に焼けたパンにバターをつけます。電気のトースターだとほんのりと焼けたところで自動的にポンと出るのです。コーヒーを飲みながらラジオのニュースと天気予報を聞いて、ご主人は働きに出掛け、奥さんは台所の後かたづけと洗濯と、家の中のお掃除をいっしょにやります。台所の隅にある洗濯機械の中に、シーツ、タオル、シャツ、子供の服、ハンカチなどをほうり込み、粉石鹼を入れてスイッチをひねる。（中略）その間に奥さんは電気の真空掃除機でブーンと掃除をしてしまう。

（小宮隆太郎『アメリカン・ライフ』岩波新書、一九六一年）

しかし実際には、アメリカの大都市郊外の中流層のライフスタイルをそのままに実現できる日本人などほとんどなく、象徴的に言えば、それは石原裕次郎や美空ひばりや力道山などのスターにのみ可能なことだった。それにしてからが、芝生のある庭に面したテラスや、形ばかりを模したマントルピースや、今、思い出せば安っぽい作りの応接セットといったものでしかなかった。本当の本物といえば、自動車の歴史上、もっとも空想的で夢見がちなデザインを採用していた、当時のアメリカ製の車をもつことがせいぜいだった。一般の日本人はそういう生活を「平凡」や「明星」といった雑誌メディアから垣間見ているだけだった。しかし、これは、消費に対する飢えを準備するという意味では非常に重要なプロセスであり、次の時代に来る、高度消費社会の本格的な離陸のための大切な助走期間だった。

敗戦からの復興が軌道に乗り、本格的な経済成長の開始を背景に、庶民が実際に便利な耐久消費財を手にすることができるようになると、消費の動機もやや手直しを受けた。多くの人が消費のゲームに参入するようになることで、一種の競争状況が生まれ、誰もがこのレースに後れをとりたくないという思いを強めていた。特に人より早く、とまで思う人は少なかったが、あまり人より遅れてやっと何かを買うことは避けたかった。つまり中流層に特有のヨコナラビ意識が消費の動機としてセットされたのだ。スターを仰ぎ見る視線は、ご近所を横目でちらちら眺める、より現実的な視線にとって代わられた。

マスメディアはその時々で標準的な、持つべきモノのリストを、「三種の神器（掃除機、冷蔵庫、テレビ）」、「３Ｃ（カー、クーラー＝エアコン、カラーテレビ）」などと、ちょっと皮肉めいた表現で揶揄したが、それは結局のところ、非常にわかりやすい消費のガイドラインの役目を果たした。マスメディアは例外なく広告媒体であり、これはその後長く続く、マスメディアと消費社会の蜜月時代の始まりであった。

人々のヨコナラビ意識に訴えるタイプの消費の動機は実にうまく機能し、日本の大衆的な消費社会は、ぐんぐん高度を高めていった。それがちょうど一巡したあたりで、常習的な消費傾向に冷や水を浴びせかける事態が起きた。七四年のオイルショックは、これまで営んできた消費生活をあきらめなくてはならないのではないかという疑心暗鬼を招き、トイレットペーパーやインスタントラーメンや、その他の生活雑貨を個人的に備蓄しようという、いささか滑稽な反応さえ招いた。しかし、当人はまったくもって本気で、当時すでに、消費生活というものがいかにしっかりと根を張っていたかを物語っているだろう。ようやくここまで来たのに……という思いがパニック的な反応を招いた。

そのパニックが忘れられると、消費の動機形成のイノベーションが起きた。コペルニクス的転換と言ってもいいだろう。人並みでありたいというヨコナラビ意識を満足させるための消費は、今度は、差異化のための消費に取って代わられた。この新しい消費の動機を発見したのは当時の若者たちである。それは当初、少数の若者たちのサブカルチャーだったが、大人たちにも時間をかけて拡散していき、しまいには、あの「金ピカの八〇年代」と「バブル」を演出するに至った。

国民のほとんどがバブル的蕩尽に参加するという異常事態は、若者たちのサブカルチャーが深く静かに潜行する間に、大人たちが、冷蔵庫だの、車だのという、個別の消費財を手に入れることを卒業し、そこそこの貯蓄や、マイホームという資産を形成していたことが深く関係している。若者たちはバブルが爆発的に膨張するための導火線を準備したにすぎない。導火線が準備されている間に、着々と資産という火薬が蓄積されていたことが、その後の大爆発の重要な伏線であった。長く続いた高度成長期は、徒手空拳で戦後生活を始めた国民の多くをちょっとした資産もちにしていたのだ。

新たに発明された差異化のための消費は、これまでの消費の動機と比べるとはるかに複雑なメカニズムをもっていた。それだけに、基本的な必要を満たした後の、生活上、必須のものとはいえない商品群を際限もなく消費させるには格好の動機づけだった。

差異化のための消費とは、言い換えれば、消費とコミュニケーションとのリンクである。七〇年代の半ば頃、昭和三〇年代生まれの世代が若者になるや、それ以前の団塊世代の若者たちとは異なる若者状況が生まれた。若者たちの間でディスコミュニケーションという課題が浮上したのだ。それは、高度成長期の都市化、核家族化といった社会変化を呼吸しながら育った世代の特性だった。その社会変化がもたらした新しいタイプのソーシャライゼーションは、直接対面した形のコミュニケーションや人間関係のスキルのトレーニングについてはいまひとつだったのだ。そのギャップを埋めるアイデアとして、商品をコミュニケーションのツールとして利用することが考えだされた。同じ商品を好む者同士は感受性が近いのでコミュニケーションが円滑だ、という経験則が出発点だったのだろう。この密かなサブカルチャーが次第に複雑化しながら、後に新人類文化などと呼ばれるようになり、ゆっくりと大人たちにまで拡散していったのだ。

他方、同時に、このディスコミュニケーションの問題を、アニメやマンガなどのメディアの世界に没入し、そもそも対人関係をあまりもたないようにすることで対処するオタク文化も出現した。当初、ネクラだ、ダサイと、新人類文化サイドからひどく差別的な視線を受けた。が、オタク文化のほうがしぶとく生き残り、九〇年代に新人類文化が退潮した後も長く寿命を保ち、今に至っている。

モノ離れしていく若者たち——では何のために働くのか

こうして少なく見積もっても、戦後半世紀以上もの長きにわたって、我々は際限もなくモノを消費する、それなりの理由を与えられてきた。ところが、ここへきてそれが一挙に不透明になってしまった。平成不況によって不景気になり、そのため今なお個人消費が低迷していると一般には考えられているが、消費から距離をおく感受性はそれ以前の、九〇年代に入ったあたりから静かに浮上しつつあった。特に若い世代の間でその傾向が顕著だった。七〇年代半ばに生まれた世代が若者になるや、この動きが目立つようになったことは注目に値する。七〇年代半ばは、ヨコナラビ意識による消費がほぼ飽和に達した時期で、基本的なモノの豊かさに満足感が生じ始めた頃である。それだけに七四年のオイルショックに人々は大きな衝撃を受けた。ようやく手にした満足を手放したくなかったのだ。

総理府（現総務省）は長期にわたって「豊かさに対する意識の変化」という調査を実施している。

「心の豊かさ」と「物の豊かさ」とどちらが大事かということを聞いているのだが、それによれば、七四年頃から「心の豊かさ」を重視する意見が「物の豊かさ」を重視する意見と並び、以後、上回るようになっていく。つまり日本の社会がモノの面で基本的に満たされたのがちょうど七〇年代半ば頃で、この時期以降に生まれた世代は「豊かな社会に生まれ育った世代」ということになる。それはとりもなおさず「貧しさを知らない世代」ということだ。

この世代が自分自身で消費をする年齢に達した時、あまりモノにこだわらない傾向を示すようになったのは納得のいくことだ。モノにこだわるのは、モノのないつらさを身にしみて体験している世代であって、モノに囲まれて育った世代は、そのあたりが、いわば鷹揚なのだ。一時期は四〇〇万人を超えたとも言われるフリーターを見ればそのことはよくわかるだろう。怠惰だ、甘えだ、と大人たちが地団駄を踏んで悔しがっても、彼らはどこ吹く風である。モノに対する飢えがないばかりか、自分の生活の向上や安全保障に鈍感というか、あまり切実な思いをもっていない。豊かさについて「ゆとり」をもって育った世代はやはり鷹揚なのだ。上の世代が必死になって求めた、しっかりとした生活のサポート体制など別にいらないと思っている。高度成長期以前の地縁・血縁連合体制にせよ、その後の終身雇用制の職場にせよ、生活のサポート体制とは、結局のところ助け合いのネットワークのことだ。我々は、ゆとりがあるから助け合うのではなく、ゆとりがないから助け合わずにいられないのだ。それが、ゆとりというもののパラドクスだ。切実な助け合いと、ボランティアとの違いはそこにある。ボランティアというものが目立つ形で社会に登場したのは九五年の阪神淡路大震災の時だが、それまでの、助け合いを軸とする生活のサポート体制の時代から、ゆとりを背景とするボランティアの時代に変化したことと符合している。

マクロ的な視点からすれば、今、消費が低迷している原因は、我々の社会がモノの面では非常に豊かになったという単純なものだ。基本的な必要を満たして、そのうえ巧妙な動機づけを用いることで、いわば無理やり人々を消費に駆りたててきた。その動機づけが陳腐化したのだから当然のことだ。マインドコントロールが解けてしまったわけだ。八〇年代を席巻した「差異化のための消費」に代わる消費の動機づけを発見できるかどうかが、個人消費が回復するかを決める。九〇年代の十年間は以前の動機づけをリセットするのに費やしてしまった。九〇年代も末になって「たしかな生活のための消費」「エンパワーメントのための消費」「癒しのための消費」といったいくつかの物語が浮上したが、これで際限もなく消費を喚起できるかと言えばかなり疑問だ。

さらに言えば、昨今の消費の低迷には、貧困層を一掃することに成功したことが深く関係している。貧困は不幸ではあるが、反面、人に高いモチベーションを与え、強い欲望を喚起する。モノに対する飢餓感を卒業してしまったことが、消費動機の沈滞を招いている。マスメディアは必死になって貧困層が増加していると言い募るが、ワーキングプアにしても、ネットカフェ難民にしても、どこかぎりぎりの切実感が乏しい。彼らは仮に、低所得層ではあっても、貧困層とは異質なもののように見える。

高度成長期に、不均等な経済発展を回避すべくさまざまな政策が採用された。急速な高度成長が不均等な発展につながりかねず、それはよい結果をもたらさないことを一番よく見抜いていたのは田中角栄だろう。彼を中心とする人々が発明した、経済発展の成果をうまく再配分するメカニズムがあったために、我々は比較的に均等に豊かになっていった。先に述べたように、そのメカニズムが今や、公共事業や既得権益の形で我々を苦しめているのは皮肉なことだ。

社会が均等に豊かになっていくことは、経済発展の恩恵を平等に受けることができ、社会の安定化に寄与する反面、これから豊かになっていく予備軍を失ったということでもある。飢餓線上をさまよう貧乏人が一掃されてしまったことが、こんなにも社会から活力を奪うとは角栄も想像しなかっただろう。かくして、年金の目減りに神経質な、臆病な小金持ちばかりになってしまった。

アメリカの社会と比較するとよくわかるだろう。アメリカは非常に豊かな社会である反面、常に、新たな貧困層が作り出されている社会でもある。多くの移民や難民を受け入れたり、厳しい競争からドロップアウトしたり、と事情はさまざまだが、さあ人生これからだ、という高いモチベーションをもった人々が常に大量に準備されている。それは一面では犯罪の温床となったりして社会問題の巣窟でもあるが、反面で、社会に活力を補給していることも事実だ。こういう社会では中流のライフスタイルを目指して、既存のさまざまな商品の市場が失われていない。日本では、今となっては、テレビという商品は市場が成熟しきってしまい、これといった新機軸がないと新たな需要は見込めないが、アメリカ社会ではなにはともあれテレビが欲しいという人が今なお決して少なくないのだ。

絶対的な貧困を一掃してしまった社会。それは大きな福音であることは疑いようもないが、それが社会の活力というか、人々の、特に若い世代のエネルギーを失わせている。若い世代は、つらい労働を甘美な消費で埋め合わせるという、彼らの親世代までは確実にもっていた感受性を、もはやもっていない。

この言いかたは、なにやら若い世代をよくあるやりかたでこきおろしているように聞こえるかも知れないが、そうではない。モノの豊かさにとらわれをもたない世代が、何を動機づけとして生きればいいのかがまだよくわからないという課題があるというだけのことだ。なかでも、何を動機づけにして働けばいいのかが不透明だ。モノの豊かさにとらわれをもたない世代は、同時に、時間の豊かさには敏感な世代でもある。だから、そういう人生の選択をしていくのだろうが、この高度に発達した生産力に見合うだけの際限もない消費欲求は、そこからは生まれないことだけはたしかだ。なにかの拍子に、強力な消費の動機づけが発見される可能性は否定できない。しかし、現実には、「たしかな生活のための消費」「エンパワーメントのための消費」といった小さな物語が現れては消え、ということを繰り返しそうだ。少なくとも国内市場については、生産過剰の状態が長く続きそうだ。このことが我々の社会像を一変させるだろう。大量生産大量消費の時代は確実に終わりを迎えつつある。我々はおそらく、世界でも最初に消費社会を、ということは、産業社会を最初に卒業する国民になる可能能性がある。

なにがしかの必要を満たすために消費をするという素朴な消費社会から遠く離れ、我々は、無理に理由をこじつけても、いかにして必要以上のモノを消費するかを考える社会に住むようになった。その過剰な消費力が、過剰な生産力とうまくバランスすることで我らが近代産業社会はなんとか回転してきた。上の世代は貧乏育ちで、今なおモノに対する執着を精算できないで右往左往しているが、若い世代は案外あっさりと解脱の境地に達してしまった。

たしかに彼らもモノに対する関心は高い。若い世代向けの雑誌を見れば、それが表面的には従来とさして変わらない、商品カタログ的な姿をしていることに気づく。しかし、それを、若い世代が今もモノに飢えている、お金がないから買わないだけで、本当は欲しいモノのリストが山ほどあるのだ、と早合点してはならない。そもそもメディアは例外なく広告媒体なのだし、興味があるということと、飢えているということは本質的に違う。前に述べたように、所有にこだわらないモノとの関係のもちかたが浮上しつつある。少なくとも従来のようなマスマーケティングの手法がうまく通用するような相手ではなくなったことは確かだ。もう若者たちは大人に甘い汁を吸わせてはくれない。ここにも世代間の対立がある。

フリーターは悪なのか――フリーターなしには生きていけない私たち

『平成一五年版国民生活白書』は二〇〇一年のフリーターの数を四一七万人と算出した。この算出の根拠となるフリーターの定義は「一五〜三四歳の若年（ただし学生と主婦を除く）のうち、パート、アルバイト（派遣等を含む）および働く意志のある無職の人」である。つまり「働く意志はあるが正社員として雇用されていない人」ということになる。一九九〇年の一八三万人から十年で約二・三倍になっている。現在フリーターをしている人のうち、元々パートやアルバイトを希望していた人はわずか一四・九パーセントで、約七割は正社員を希望したものの、それが実現しなかった人である。

怠け者、お気楽な遊び人といったフリーター批判をよく耳にする。だが、この統計を見れば、それはごく一部にすぎず、七割は正社員としての雇用にありつけなかった人であることがわかる。そして残り三割の中に、普通にサラリーマンになること以外の可能性を模索している人が含まれていることにも注意しなければならない。自営業や、フリーランサー、あるいは新卒起業といった道である。そのあたりを一括して批判のレッテル貼りをしてしまう乱暴な議論が散見される。それがあながち乱暴とは言えないほど、ライフスタイルの五五年体制下では、ほとんどの人にとって会社員になるしか職業の選択肢がなかったのだ。

中高年世代のフリーター批判は、えてして感情的になりがちだ。自分自身が企業戦士として身を粉にして働き、「豊かな」生活を実現してきた世代だけに、それとは異なる生きかたや価値観に強い違和感をもつのだろう。典型的な企業戦士の子弟がフリーターになった場合、家庭不和の原因となりやすいのはこのためだ。

たしかにフリーターは不安定なライフスタイルである。親の立場なら、胃が痛くなったり、世間体が悪いと思ったりするのもやむを得ないだろう。まっとうな職業歴がないために、将来も正社員としての雇用を望めない可能性がある。だから、今のフリーターはこれから先、雇用情勢が改善されたとしても、固定的な不安定雇用者層、はなはだしい場合は、生活困窮層になりかねないという指摘も一理ある。しかし、アルバイトのほうが職の選択肢がはるかに豊富なことはアルバイト情報誌のぶ厚さからうかがえるし、うまくやれば、当面、下手な正社員より稼げることもある。

問題は安定性だ。雇用の安定性について言えば、正社員の雇用がかなり不安定になった現在、その差はずいぶん縮小したと見るべきだろう。年金や健康保険も元々、個人で加入することができる。給付と負担のバランスは下手な企業の社会保険よりも有利な場合がある。個人加入するのは、多くの場合自営業者であり、自営業者は長く、政権与党の圧力団体だったからだ。サラリーマンである親は、そのことをあまりよく知らなかったりする。

フリーターにとって何よりも必要なのは、独立自営業者としての自覚をもつことだろう。フリーターは職場のサポート体制の枠外にある存在であり、それを前提として生活を組み立てないと、不都合なことに直面することがある。それを自覚することが第一だ。

今や、正社員もいつクビになるかわからないという意味では、フリーターとあまり変わらない立場だ。だから肝心なのは、フリーターであれ、正社員であれ、どのようにして自分の生活のサポート体制を構築するかを自分で考えることだ。漫然と働いているのでは、フリーターでも、正社員でも、いずれにしてもあまり明るい未来はなさそうだ。自分の力でサバイバルすることが求められる時代にあって、何をして生活していくのかを明確にすることが必要だ。企業経営でよく言われるビジネスモデルに相当する、自分のライフモデルを構想し、節目節目でそれを見直さなければならない。誰もが自立することを要求される時代には当然のことだ。

正社員の口はごく少ないが、アルバイトの口ならやたらと豊富にある。これがフリーターが増えたことの直接の背景だ。求人情報誌を見ればそこそこ率のいいバイトはいつでも探すことができる。何かとコストのかかる正社員は必要最小限にして、アルバイトをうまく活用する。これでコストダウンを図る。十年以上続いた不況期で、このノウハウが企業にはすでに確立されている。今や、そのノウハウなしに市場で生き残ることは難しい。仮にフリーターがいなくなったら、中高年世代の可処分所得に一番大きなしわ寄せが出るだろう。居酒屋の店員も、一〇〇円ショップのレジ係もフリーターなのだから。アルバイト、パートの活用はほとんどの企業で死活問題である。裏を返せば、正社員を雇用することにいかに大きなコストがかかるかということだ。

小規模ではあるが会社を経営し、人を雇用した経験から言えば、正社員など、よほど業績が好調で、安定していなければ雇用することはできない。コスト以前の手間が膨大なのだ。源泉徴収、年末調整、社会保険関係の事務、その他諸々。これらにまつわる事務は企業経営にとってすべてコスト要因である。各種社会保険の雇用者負担分などのため、人件費は手取額に相当な余裕を見ておく必要がある。しかも現金で、である。さらに定期昇給制度。こうなると、経営にとって非常に魅力的な人材で、しかも、よほど長期にわたって雇用する見込みのたつ人材しか正社員では雇用できない。つまり、正社員というものは、制度的には、雇用する側でも終身雇用制が前提なのだ。そんなリスクを平然と受け入れる企業など、今や滅多にない。正社員という経営資源は非常にリスキーなものなのだ。

これでは正社員の採用が増えるわけがない。できるだけアルバイトでまかなったほうが得策だという判断はこういうところから生まれる。これはちょうど借地借家法と同じ種類の矛盾なのだ。弱い立場の賃借人を保護しようと、その権利を拡大することによって、賃貸に出る物件が減ってしまい、結局、賃借人のメリットが得られない。被雇用者を保護するあまり、使用者のコスト負担とリスクが上昇し、求人件数が減ってしまう。もう少し多様な雇用形態が整備される必要がある。特に、企業が人材を気軽に雇用できるシステムを整備することが失業率の低下につながるのではないか。グローバルスタンダードの雇用条件でいいなら、もっとたくさんの人を正規雇用するのに、と考える経営者は少なくないはずだ。

「非正規雇用」というワークスタイル

しかも、働く側でも、現行制度ほどの手厚いサポート体制は期待していないということもある。昨今の若い世代にとって、固定的な対人関係ほど苦手なものはなく、関係がまずくなったらいつでも降りられるように、心理的な準備を常にしている。

報酬だって、それはたくさんあるに越したことはないが、彼らは綿密なコスト計算をしている。どの程度の労力的、あるいは心理的コストでどの程度の報酬が得られ、そしてその結果、どのような生活になるのか。貧乏育ちの親世代とは違い、アイテム数を基準とするモノの豊かさよりは、時間の豊かさを重視する世代である。そこそこ楽しい人生が送れると思えば、別に正社員にこだわる理由は何もない。他方、仕事について非常に高いモチベーションをもった若者もいる。そこは人それぞれなのだ。

高度消費社会に育った彼らは、商品を選択するように職業を選択している。この感受性だけは、上の世代には理解不能だろう。与えられた選択肢になんとか自分のほうを合わせていくのではなく、あくまで、自分にフィットする選択肢を探し続ける。実は、労働市場においては、彼らのほうが「売り手」で、雇用者が「買い手」なのだが、そこのところはあまり理解されていない。彼らの商品選択的な職業選択の方法に対応した労働市場は、アルバイトのほうにあって、正規雇用の労働市場にはない。アルバイト情報誌を比較検討して、自分に最適のアルバイトを探すことには長けていても、面接で先方の意向と、こちらの意向とをすりあわせて、そこそこの合意点を作ることには長けていない。かくして、彼らにとってはアルバイトのほうがシンプルでわかりやすく、かつ満足度の高い働きかたであるように感じられたりするのだ。これもフリーターを増加させる要因だ。

たしかに、中高年世代が、新入社員がいっせいに職業歴を開始するシステムに愛着をもつ気持はわかる気がする。リクルートスーツ姿、会社の制服姿の新入社員たちが入社式を迎え、代表者が緊張しながら、誓いの言葉風のスピーチをする。

我々は歳時記的なものが好きだ。梅雨時の田植え、照りつける夏の太陽のもとでの草とり、秋の刈り入れ。そんな風景を見るのと同じ感慨をもって人は入社式を見る。しかし、それは終身雇用制と定期一律一括採用の時代の、つまりはあの高度成長期の風景なのだ。なごり惜しい気はするが、よき時代の思い出の風景として記憶の中にとどめる時期だろう。

フリーターとは何なのだろう。この社会で積極的に一人前の役目を引き受けることを躊躇している存在ということになるだろうか。少なくとも、よく言われる確信犯的怠け者はごく少数のはずだ。その背後にあるのは、つきつめれば、この社会に対する漠然とした不信感である。彼らが、社会の既存のレールに乗ることにさほど魅力を感じていないのは、そのせいだ。誰が数日後に沈没するとわかっているタイタニックに敢えて乗るだろうか。彼らは、基本的にはさほどつきつめて物事を考えるタイプの人間ではないかも知れないが、その分、感覚は鋭敏で、未来がそちらの方向にないことを敏感に察知しているのだ。

若い世代からそっぽを向かれた社会の先行きは暗い。総終身雇用体制の時代は、とにかく職場にあてはめてしまえばなんとか格好がついて、そこそこの一生を送ることができた。そのシステムが崩壊に瀕している時、若い世代をいかにして自立可能なステージに押し上げるかは、切実な社会的課題だ。フリーターなどしょせん怠け者、と知らん顔をしている中高年世代こそ怠惰と言うべきだ。

家族と家庭の分離

高度成長期の後半を支えたのはマイホームのブームだった。それまで家電製品をはじめとするさまざまな消費財をコレクションすることで満足してきた新興の中流層は、次第に、その関心をマイホームをもつことに移し始めた。

今では想像しにくいが、郊外の団地に住むことは、非常に都会的な、あこがれのライフスタイルだった。当時の団地生活の宣伝フィルムには、お父さんがカクテルを作って飲むシーンがある。ハリウッド製の映画から連想したものだろう。実際にカクテルを作って飲んだ団地族がどのくらいいたかわからないが、団地に住むことがハリウッド級のかっこよさだったことはなんとなくわかる。

初期の団地のほとんどは賃貸物件で、最初は、わくわくしながら団地生活を楽しんだ家族も、七〇年代に入る頃になると、庭付き一戸建てを買って引っ越していく家族を何組か見送るうちに、お母さんの「ねえ、うちもそろそろどうかしら」といったセリフに後押しされながら、住宅ローンを組んで、手頃な物件を手に入れることになった。

かくして手に入れた郊外の3LDKは、幼児時代から個室を与えられた子どもたちが思春期を迎える頃、世間で「ホテル化した家庭」と呼ばれるようになった。企業戦士のお父さんはローンを返済すべく身を粉にして働き、帰りが遅い。休日も出勤したり、接待ゴルフだったり。子どもたちは学校から帰ると、個室からあまり出てこない。一つ屋根の下に暮らしてはいても、めったに顔をあわせない家族。ともに食事をすることさえ稀な家族。それが一体、家族の名に値するのか。そんな文脈で語られたのが「ホテル化した家庭」である。

しかし、今、家庭のありようは、そこからもはるかに大きな変化を経験した。その変化をもたらしたのはコンビニと携帯電話である。コンビニ出現以前は、食事はほとんど完全に家庭に帰属するものだった。外食は家族づれや、一人前の男たちだけに開かれたものであって、特に、子どもは家庭でしか食事ができなかった。このことが、否応なしに子どもたちを家庭につなぎとめていた。

コンビニは、ちょっとした小遣いをもっていれば、いつでも簡単に空腹を満たしてくれる。かつて子ども相手の駄菓子屋がおやつ程度のものしか提供しなかったのに対して、コンビニは二四時間いつでも、ほとんどありとあらゆる食事サービスを提供する。かくして子どもたちは家から解き放たれることになった。もちろん、定時にきちんと家に帰るようにしつけることはできるのだろうが、親も楽なせいか、子どもたちの外食をあまり気にしない。足立巳幸の調査『知っていますか子どもたちの食卓』によれば、「子どもだけで夕食を買って食べることがあるか」との質問に約三割が「ある」と回答している。買う場所は圧倒的にコンビニが多く、約六割を占める。極端に言えば、子どもにとって、家にいようと、外にいようと、結局、食べるのはコンビニで買ったもの、ということがありそうだ。ならば、外で友達と食べるほうがいいという選択も成り立つだろう。「プチ家出」なる、数日間の短期の家出が可能になったのは、このような事情による。それでもなお、さまざまな家庭内の事務的な伝達や、特に、子どもたち同士の連絡の中継所として家庭は一つの生活の拠点たりえていた。それを完全に過去のものにしてしまったのが携帯電話である。携帯電話というコミュニケーション手段が、それまでのどのコミュニケーション手段よりも画期的なのは、空間の縛りがまったくないことと、純粋に個人単位のコミュニケーションを可能にしたことである。つまり、「圏外」の表示のない限り、いつどこにいても、直接、個人と個人との間で自在にコミュニケーションが可能なのだ。このことで家族同士のコミュニケーションは非常に容易になり、携帯電話さえもたせておけば、子どもたちが家を空けていても親はあまり心配しなくなった。友人などからの連絡も直接、携帯電話にくるのだから、もはや留守番電話というものも過去のものになってしまった。家に居る必然性はますます低下した。携帯電話の画面にアンテナのマークが三本立っていれば、そこは家庭の束縛のとどかない「圏外」なのだ。

かくして家族と家庭は分離した。エンプティー・ネスト〈空っぽの巣〉と言えば、子どもたちが独立してしまい、老夫婦だけになった家庭のことだが、今や、家庭は文字通りエンプティーなのだ。家族の容器である家庭から、家族という関係だけが宙に浮き、浮遊している感じだ。

これが昨今の家庭像である。二〇世紀が家族の時代で、それが過去のものになった、というのはこういうことだ。「家族の時代」は、大正の末から昭和の初め頃、都市部に増えた戦前型近代家族に始まる。「サザエさん」の家族像である。その後、高度成長期が軌道に乗った時、我々はそれまでの大家族を捨て、夫婦とその子どもだけで構成される小規模な核家族を生活の単位とした。核家族は消費の単位でもあり、そこに次々と世帯財がコレクションされた。しかし、コレクションの最後に手に入れた３ＬＤＫはあっというまにホテル化してしまい、さらにコンビニと携帯電話によってとどめをさされた。我々の生活は個人単位のものに大きくシフトした。こうなると、所帯という言葉になつかしい響きを感じる。湯気のたつ味噌汁や、家族全員で見るテレビ、山ほどの洗濯物、そんな風景を思い出す。そういった生活が過去のものになりつつあるとしても、別に悲観することはない。結局のところ、我々は自分たちの感受性にフィットするライフスタイルを選択しているだけのことだ。ただ「家族の時代」のイメージがあまりにも強烈だったため、この新しいタイプのライフスタイルにキャッチ・アップできていない制度や社会システムがあることを忘れてはならない。特に行政はいまだに、この空洞化してしまった「世帯」を生活単位と考える傾向にある。

しがみつく人、降りた人、シカトする人

今、日本の生活者のほとんどが、深い閉塞感に直面していることに異論はないだろう。この、いわく言い難い重苦しい閉塞感は、マスメディアでは「長期化する不況」という言葉で片づけられることが多い。だが、その本質は経済の停滞にあるのではなく、むしろ、社会のありかたや人生というゲームのルールが大きく変化しつつあり、そのため、多くの人々が生きかたの変更を迫られていることにあるように思える。

そんな中で、団塊ジュニア世代が注目を集めるのは、もちろん、それが人口のボリュームゾーンであり、生活者の動向を把握するうえで重要だということがある。しかし、そのことだけでなく、この社会の転換期を、将来のある若年層として体験している世代だけに、新しい生きかたの方向性は彼らによって発見されるのではないか、という関心も大いにある。次の時代の生活者像の先行指標として

注目されているわけだ。まず、日本の生活者の現状について概観してみよう。

日本の雇用形態の標準規格であった終身雇用制が見直されたことが生活者の意識に与えた影響は大きい。終身雇用制は高度成長期以来の社会のありかたの基本的な枠組みであり、多くの人々にとって人生というゲームのルールだったからだ。直接的に終身雇用制の恩恵に十分に浴することができたのは一部の一流企業に勤務する人に限られていたかも知れないが、それ以外の勤労者も、職を失う不安をあまり意識せずに、また、年功賃金制によって経済成長の分け前を順次受け取ることができた。飛び抜けた成功を味わうことはないかも知れないが、会社に忠実に勤め続ければ、そこそこ幸福な生活が保証された。うまくすれば、大都市の郊外にちょっとした一戸建てがもて、そうでない場合でも、自家用車や家電製品に囲まれた、それなりに納得のいく生活ができた。しかも、健康保険や年金、果ては納税といった、本来、個人の責任に関することも職場任せにすることができ、これは生活者にとって非常に楽なシステムであった。

我々は戦後半世紀ほどの間、それぞれの職場という「大樹」の下で安定したライフスタイルを営んできた。サラリーマンでなくても、例えば農家なら、農協や選挙区を単位とする恩恵の配分システムがあり、商業者には、業者団体、地域の商店会、そしてメーカーごとの系列などがあり、それを考えると、生活の基盤をどこかに依存してしまうことが我々の生活の基本だったことになる。この「ライフスタイルの五五年体制」というシステムは高度成長期の過程で浮上し定着したものである。この恩恵によって、我々は先進的な産業社会の国民としては例外的に職を失う不安を免除され、計画的で先の読める生活を営んできた。おのずとほとんどの人が以前よりは次第に豊かな生活を実現できた。一九六〇年代半ば以降、国民の九〇パーセントがもっていたという「中流意識」とは、この「ライフスタイルの五五年体制」に守られた人々の意識のことだったと言えるだろう。そういう「ライフスタイルの五五年体制」の中で我々はおよそ半世紀を過ごし、そして今、そこから追い出されようとしている。

いきおい、我々は一転して、先の読めない不透明感の中に放り出された。そして迎えたポスト「ライフスタイルの五五年体制」の時代は、もはやシェルターの保護を期待できなくなったことに由来する不透明感や、肩寄せ合う関係を失ったことに由来する孤独感の時代である。べつに特別のことではない。誰もが自分の生活には自分で責任をもたなければならない、というごくあたりまえのことになっただけのことだ。しかし、このあたりまえのことがもつインパクトは大きい。特に幸福感の基準に与えた影響は大きい。

最近実施した意識調査から浮かび上がった生活者像は、大きく二つのタイプに整理できた。従来通りの「ライフスタイルの五五年体制」のままの生活を維持したいと考えているタイプと、安全なシェルターの中で豊かさの獲得ゲームをすることとは無関係な生きかたを模索しているタイプとである。象徴的な言いかたをすれば、〝しがみつく〟人と〝降りた〟人となる。全般的な感触から言えば、この動きはどちらのグループにおいても確信をもたれているわけではなく、時代の過渡期らしい迷いの中にある。〝しがみつく〟人の代表は男性ミドル層である。〝降りた〟人はどちらかといえば女性たち、それも三〇代以上の女性たちに目立つ。

団塊ジュニア世代を中核とする若年層は、中高年に典型的に見られるこのような反応とはまた異質な方法で、この不透明な環境に適応しようとしている。〝しがみつく〟のでもなく、〝降りた〟のでもなく、なにやら〝シカト〟している感じがする。思えば、団塊ジュニア世代は、子ども時代からさまざまなものを〝シカト〟する訓練を積んできた世代である。

団塊ジュニア世代はおおむね七〇年代半ば頃以降に生まれた世代である。この時期もまた日本の社会にとって大きなエポックであった。総理府が「豊かさに対する意識の変化」を継続的に調査している。それまで「物の豊かさ」を重視する回答が「心の豊かさ」を重視する回答を上回っていたのが、七〇年代半ばに両者がほぼ接近し、逆に「心の豊かさ」が上回り始めた。つまり、日本の社会が経済的にはほぼ満足できる水準に達し、画一的な「物の豊かさ」に代わり、「心の豊かさ」という言葉が象徴するような、新しいタイプの幸福感を人々がそれぞれに模索し始めた時期にあたる。団塊ジュニア世代は、今、我々が手にしている豊かさ——といっても最近の経済の閉塞感のせいであまり実感をもてないが——を生まれながらに経験した最初の日本人である。日本の社会が経済的な成熟をとげ、その後に生まれた世代なのだ。

急速な経済成長を支えた「ライフスタイルの五五年体制」は七〇年代末、遅くとも八五年のプラザ合意の頃には事実上その役目を終えたにもかかわらず、一朝一夕には改められることがなく、ごく最近になってようやく見直しが始まったところである。このタイムラグ的な時期を、団塊ジュニア世代は生きてきた。

豊かさを勝ち取るためのシステムは、豊かさを当然の前提として体験できた世代にとって、いささか窮屈なものであった。わかりやすい画一的な幸福感を与えることには長けていても、個別的な幸福感を模索するには不向きな「ライフスタイルの五五年体制」が、親のもっているカルチャー、学校のもっているカルチャー、職場のもっているカルチャーに深く根をおろしていた。ここまで彼らはずっとそういうものに違和感をもちながら育ってきた。校内暴力、登校拒否、家庭内暴力、フリーターといった現象が、彼らの成長とともにクローズアップされてきたのは理由のないことではない。目に見える行動をとるのは少数だが、団塊ジュニア世代の精神の深いところにあるのは、何かを〝シカト〟することでバランスをとろうとする傾向である。フリーター四〇〇万人、ひきこもり一〇〇万人、パラサイト・シングル一〇〇〇万人といった最近の推計値や、晩婚化、合計特殊出生率の低下といった現象が象徴する今どきの若者像は、いずれも彼らが既存のシステムに積極的に関わることに抵抗感を示し、それを〝シカト〟していることを物語っている。

私らしい私の探求

若い世代が既存のシステムを〝シカト〟するということは、世代間に文化的な対立があるということだ。このこと自体は、特別珍しいことではない。彼らの親世代にあたる団塊世代も若者時代には「抵抗世代」などと呼ばれた。しかし、現在の世代間対立は、そういう文化的な対立にとどまらず、非常にリアルな利害対立になっている。

団塊ジュニア世代の多くはすでに働き始めているが、彼らの就職先はかつてとはかなり異なる様相を呈している。終身雇用制を見直し、年功賃金制を見直し、さまざまな福利厚生も削減されつつある。会社員になることのメリットは、新参者である団塊ジュニア世代において大きく縮小されるが、古参社員である中高年世代においてはなかなか縮小されず、一種の既得権益となっている。もちろん中高年世代はリストラの不安にさらされているわけだが、それを言うなら、若年層にとっては、そもそも正規雇用自体が狭き門である。能力主義とは言いながら、能力を評価するのは中高年世代。その中高年世代たるや、メール一通打てない、ちょっと複雑なものになるとコピー機すら扱えない、といった場合が多い。では、それに代わる能力を発揮しているかと言えばそれもあやしかったりする。それでいて、中高年世代は年功賃金制のなごりで、若い社員の何倍もの給料を取っている。かつてなら、我慢してまじめにやっていれば、いずれ自分もそういう「おいしい」立場になれるという期待がもてたが、今はそういう約束はない。企業内の団塊ジュニア世代は、自分たちの稼ぎが中高年世代に横取りされているのではないかという疑念をもっている。

同じようなことが家庭内にもある。父親がリストラにあって苦労しているといった場合を除けば、親は、なにはともあれ雇用が確保され、自分の何倍もの収入がある。親の世代は、経済の拡大期に企業戦士として身を粉にして働いた世代だけに、郊外に持ち家があり、それなりの金融資産もあったりする。それにひきかえ、自分は、自動的に報酬が上がっていくなどという期待はもてず、しかも雇用さえも不安定という状況。パラサイトしたくもなる。

若者たちは世代間の利害対立において「割を食っている」と感じているのだ。おのずと意欲は減退し、ま、適当にやって、うまく立ち回ってできるだけ得をしよう、といった戦術をとることになる。さらに、この深い利害対立が、彼らが元々もっていた何かを〝シカト〟する傾向を一層増幅している。上の世代から見て、団塊ジュニア世代が、仕事にしても、遊びにしても、そして消費にしても、しっかりと腰を据えることがないように見えるのはこのためだろう。

こういったことは団塊ジュニア世代自身には、おそらく、より漠然とした、複雑な思いとして経験されているだろう。それは結果的に二つの戦術として焦点を結んでいるようだ。一つは「居場所への退却」、もう一つは「私らしい私の追求」である。

九〇年代末頃から「居場所がない」という言葉自体が一つの流行語になっている。既存の生活空間はどれも「ライフスタイルの五五年体制」的なカルチャーを色濃く残していたため、家庭にしても、学校にしても、職場にしても、これといった帰属意識をもつことがなかった。それだけに、既存の生活空間以外の場所、たとえば一人で過ごす時間や、少数の気の合う友人関係が大切にされている。

平成九年度東京都青少年基本調査によれば、一日のうちで「一番安心できる時間」「一番好きな時間」として、もっとも多い回答が「家の自室などで一人で過ごす時間」である。それぞれ四六・六パーセント、三四・四パーセントにのぼる。反面、「今一番大切なのは友達だ」に七七・〇パーセントが肯定的反応を示し、「悩みをもった時に誰に相談するか」では七三・五パーセントが「友人」と回答している。一人でいるにせよ、友人たちと過ごすにせよ、自分にフィットし、満足度の高い環境を厳しく選択していることがうかがえる。

消費の面でそれを象徴するのが急増した大小のインテリア雑貨店である。キーワードは「居心地のよい空間」である。彼らにとって、現実の環境は複雑で不透明なものだ。その違和感の中で生きることは容易なことではない。不快でさえある。それだけに、つかのまそれを忘れ、リラックスできる空間をもつことは重要な意味をもっている。「退却」できる空間がいろいろなところに周到に準備されている印象だ。

一方、ポジティブに、前向きに行動することで「私らしさ」を確立しようとする意向も強い。団塊ジュニア世代を調査対象にして生活価値観について質問すると、必ず一位になるのは「他人にどう思われようとも、自分らしく生きたい」である。複数選択の場合、実に九割程度の支持がある。「私らしい私」というスローガンは一種の、若者たちの時代の精神のようになっている。これまた流行語にもなっていて、その発生源はどうも元サッカー選手の中田英寿あたりのようだ。中田のこんな発言が知られている。

「(私らしさとは) どうすれば自分が楽しいか。いちばん気持ちいいか。それを自分で考えて、自分で選ぶことです。今まではこうだったからとか、他の大勢の人から見てこう思われるからとか、そういう枠すら取っ払った、もっと自由で自然体なもの」

このようなメッセージが注目されるのは、それが八〇年代的な「人の目を意識した生きかた」の対極にあるものだからだろう。もちろん、七七年生まれの中田は、あの八〇年代の空気を直接には知らない。彼のセンスが時代のテーマを正確に嗅ぎ取ったのだろう。

「私らしい私」というメッセージは、人の目にどう見えるかではなく、自分自身の満足を重視する消費行動に結びついている。団塊ジュニア世代に広く見られる節約志向、堅実志向は、必ずしも可処分所得の制約ばかりでなく、この流れの中でも解釈すべきだろう。反面、少し上の世代やキャリア系の人に見られる一流ブランド商品に対する高い関心もまたこの流れの中にある。両者をつなぐキーワードは「エンパワーメント」である。節約にせよ、ぜいたくにせよ、複雑で見通しのきかない社会状況にあって必然的につきまとう無力感を緩和し、サバイバルしていくためのエネルギーを励起したいという思いが密接に関係している。節約とぜいたくという対照的な行動が共通の心理的背景をもっていることは興味深い。この現象の背後にあるものは、「私らしさ」というメッセージによってさまざまなものが一挙に肯定されてしまうメカニズムにあるようだ。一種の言葉の魔法である。「私らしい私」を職業の面で追求する試みもさまざまになされてはいるが、これといった方向性を見いだすことができず、意欲だけが空回りしている場合が目立つのはそのせいだろう。

常にその時代を主導する消費の動機というものがある。それが際限もなく消費を喚起することが、生産力の上昇と見合うことで、高度消費社会は均衡を維持してきた。一九五〇年代は戦災からの生活再建の目標としてアメリカの郊外生活がイメージされ、「三種の神器」と呼ばれたテレビ、洗濯機、冷蔵庫などが盛んに消費された。「合理的生活のための消費」である。六〇年代になると、高度成長期の急速な生活水準の上昇に遅れをとりたくないという動機が浮上し、「ヨコナラビの消費」によって「３Ｃ」時代が到来する。七〇年代後半から八〇年代には商品のもつ記号的な意味が注目され「差異化のための消費」に取って代わられる。九〇年代以降はこれをリセットすることに費やされる。八〇年代の、周囲に対して商品の記号的な意味を提示するための消費に代わって、人の目を意識しない、個々人の満足にアクセントのある消費が前面に出るなどの動きがあったが、バブルの崩壊以後の消費低迷もあって、これといって主流となる消費動機が見あたらない時代が続く。団塊ジュニア世代が生活者の中核になる時期を迎え、彼らの動きから消費動機の落ち着きどころがそろそろ見えてきてもいい頃である。

二〇〇二年にインターネット上で二〇代、三〇代の女性を対象に、十回にわたる生活意識調査を実施した。この調査フィールドからうかがえる生活者像は非常に堅実なもので、コストパフォーマンスの高い幸福感が模索されているように感じられる。商品をはじめ、自分をとりまくさまざまなものについてバランスよく「ミニマム・リクワイア（必要最低限の水準）」を探求する傾向があり、八〇年代に広く見られた付加価値への関心の高さと好対照である。八〇年代は、モノがエンパワーメントになったが、今や、モノと距離をおくことがエンパワーメントになる。反面、たとえば化粧品を月に七〇〇〇円以上消費する層が一六パーセント程度あり、この分布は年齢などとあまり関係がない。先に述べた「私らしい私」のエンパワーメントを消費行動を通じて得ようという戦術をとる生活者も少数ではないようだ。

団塊ジュニア世代の生活者によって浮上する消費動機がどのようなものに落ち着くか、今の時点で予言することは難しい。しかし、全体としては「たしかな生活のための消費」といった要素の色濃いものになりそうだ。ただ、我々が手にしてしまった巨大な生産力に見合うだけの消費力を、このような堅実な消費動機で喚起できるかには一抹の疑問がつきまとう。消費行動を含め、それぞれの世代文化というものは、複雑な環境への適応のテクニックというところから形成される。団塊ジュニア世代の消費行動もまた、先行きが不透明なこの社会状況の中で、彼らがどのような生きかたを発見するかにかかっている。

生活のミニマリズム――日常の必要最低限とは何かという思考

くり返し述べたように、ライフスタイルの五五年体制が終わり、新しい生きかたを模索する生活者が増えつつある。従来の生活を維持しようとする〝しがみつく〟戦術も、もちろんあり続けるが、新しいベクトルとして、この動きに注目する必要がある。

一口に〝降りる〟といっても、なまやさしいことではない。ただ〝降りて〟しまえば、それは単なる負けを意味するからだ。それではいかにもつらい。〝降りる〟覚悟を決めるためには、幸福感についてのマインドチェンジをし、それまでの幸福感の代替案をクリアにする必要がある。多くの生活者が、そのイメージをまだはっきりとはつかんでいない。

ライフスタイルの五五年体制が今も根強く多くの人々に支持されているのは、それが「豊かさ」につながるルートだったからだ。日本の国民は多かれ少なかれ、このシステムのもとで大きな恩恵を体験してきた。その実績の重みだろう。一方、〝降りて〟しまった人々は、幸福観の焦点を豊かさ＝モノの獲得競争から、より個人的な〝私の時間の質〟といったところへマインドチェンジしてしまったものと思われる。〝降りる〟動きは、ライフスタイルの五五年体制の牙城である東京よりは、地方都市や田舎のほうに親和性が高い。東京はモノの情報が集積される場所であり、ここで〝降りる〟覚悟を決め、また〝降り〟続けることは非常に難しい。団塊世代を中心として、田舎暮らしをめざす動きが見られるのは、〝降りたい〟と思いつつも、なかなか覚悟を決められない自分自身を、生活空間を変えることで、無理矢理にでも引きずり〝降ろす〟戦術を無意識のうちにとっているように思える。

このあたりについて調査をすると、夫婦間で価値観がすれ違っていることをうかがわせるデータが散見される。ごく大まかに要約すれば、夫が〝しがみつき〟派で、妻が〝降りた〟派というパターンが目立つ。これはライフスタイルの五五年体制に対する〝保守派〟と〝革新派〟という対比でもある。特に、子育て中の夫婦においてズレが大きい。夫はいまなお職場への帰属感が強く、また子どもができることで、「一家の大黒柱」の自覚が強まり、逆に、マインドチェンジが遅れるのだろう。他方、妻は子どもができることによって、地域コミュニティーに「公園デビュー」など、さまざまなネットワークが広がり、そんなところからマインドチェンジのきっかけをつかむようだ。この難局にあって、夫婦の価値観のすれ違いは、深刻な関係の悪化を招きかねない。

ライフスタイルの五五年体制のもとで、我々は豊かになっていった。誰の生活も次第に膨張し、さまざまなものを抱え込むようになった。それがまた、喜びでもあった。家電製品や自家用車のような耐久消費財はそのランドマークの役目を果たしてきた。つまり、このプロセスは「足し算」である。

ライフスタイルの五五年体制が終わり、一部の人々の間で、これまでの生きかたが見直され、〝降りる〟動きがある時、自分の生活はさまざまなものを抱え込みすぎ、過剰なものになっていたのではないかという思いが浮上する。一転して余計なものを切り捨てる「引き算」のプロセスに入る。生活のミニマリズムとは、そのような意識のことだ。生活全般についても、個々の消費財についても、自分にとっての必要最低限は何か、という思考が働く。ヨーロッパの一流ブランドを着ていた人も、ユニクロを買ってみたりする。なんだ、おしゃれに見えるかどうかは、ブランドではなく、結局、センスの問題なんだと気づいたりする。

〝降りてしまった〟人が考えることは、その中でいかに幸福感を獲得するか、ということだ。ムダを省き、節約をし、堅実な生活を送っているという良好な自己像を保とうとする。モノを買う場合も、十分に気に入ったものがなければ、まにあわせで買ったりはしない。長く愛着のもてるものであれば、多少の割高感は気にならない。こういう心情をもつ生活者にとって、選択のテーブルに乗る商品は意外に少ない。どの選択肢も、ややスペックも意味づけも過剰で、手が出にくい。適切な選択肢が見あたらないことで購入をあきらめている、あるいは気に入らないもので我慢している生活者は少なくないように思える。モノを作り売る仕事をしている人の多くが、いまだに「付加価値」という言葉の呪縛から卒業できないでいるからだ。不況でモノが売れない。だから、もっと付加価値をつけなければ、と考えてしまいがちだ。そういう発想は必ずしも真理ではない。むしろ、逆に、生活者は、必要最低限のものは何かを探求していることも多いのだ。

反面、〝降りるに降りられない〟人や〝しがみつく〟人にとっての選択肢は豊富にある。車で言うなら、シーマやセルシオに代表される、これでもか、これでもか、のスペックをもった車は十分に供給されている。あとは自分の予算制約に従って、ミニ・シーマや、ミニ・ミニ・シーマを選べばよい。こういう人は消費社会にとって、今しばらくは、非常に優良な顧客である。これはこれで大事にしなければならないのだろう。

高度消費社会にあっては、政治や権力者よりも商品が人々の意識に大きな影響を与えている。高度消費社会に生きる我々は、商品（やサービス）を通じて、我々が生きる環境（＝社会）のイメージを構築している。したがって〝降りた〟人をターゲットとした商品が出現することで、あるいは、〝降りた〟人をイメージターゲットとして提示することで、マーケットを変質させていくことができる。つまり、マーケットに対してイニシアチブを握る可能性を秘めている。

〝降りる〟〝しがみつく〟とを問わず、多くの人が否応なしに節約を迫られている。デフレの時代には、金銭のもつ購買力が上昇していく。戦後一貫してインフレ基調の中で暮らしてきた我々にとって、それはある意味、新鮮な体験でもある。インフレ下ではちょっとやそっとの節約は何の意味ももたないが、デフレの時代に節約はリアルな体験となる。金額としては微々たるものであることは変わらないが、体験としてはいささかリアルである。しかも昨今の節約は、あまり貧乏臭い雰囲気がなく、ちょっとした知的ゲームのような様相を呈している。他方、蕩尽《とうじん》とも呼ぶべきぜいたく体験も厳然としてあり続けている。これは今なお高価格志向、高級志向をもつ生活者があるからだが、八〇年代の記号的消費とは異なる動機に基づいている。より個人的、内面的な動機と言えるだろう。エンパワーメント、ないしは自己像の補強といった動機がうかがえる。肝心なことは、平均的な生活者について言うなら、〝ぜいたく〟と〝倹約〟は同時に行われているということだ。

ポスト氷河期の新入社員たち

第一章で触れた新入社員意識調査をもう一度見てみよう。この調査はもっとも長いタイムスパンで見れば、四〇年前と現在の新入社員との意識の変化を把握することができる。四〇年と言えば、およそ普通の会社員が勤務する期間に相当する。この調査に最初に新入社員として回答を寄せてくれた人たちが、そろそろ定年を迎えていることになる。

それだけの期間継続されているだけに、さまざまな変化が見てとれるが、それは「会社を選んだ理由」という質問への回答にもっとも明瞭に表れている。昭和四六年にこの質問が導入された頃は「会社の将来性」という回答がもっとも多く、三〇パーセント近くあった。それが次第に減少していき、昨今は一〇パーセントを下回る水準になっている。この数値は、新入社員たちが会社に何を期待して

図3-1　会社を選ぶ基準

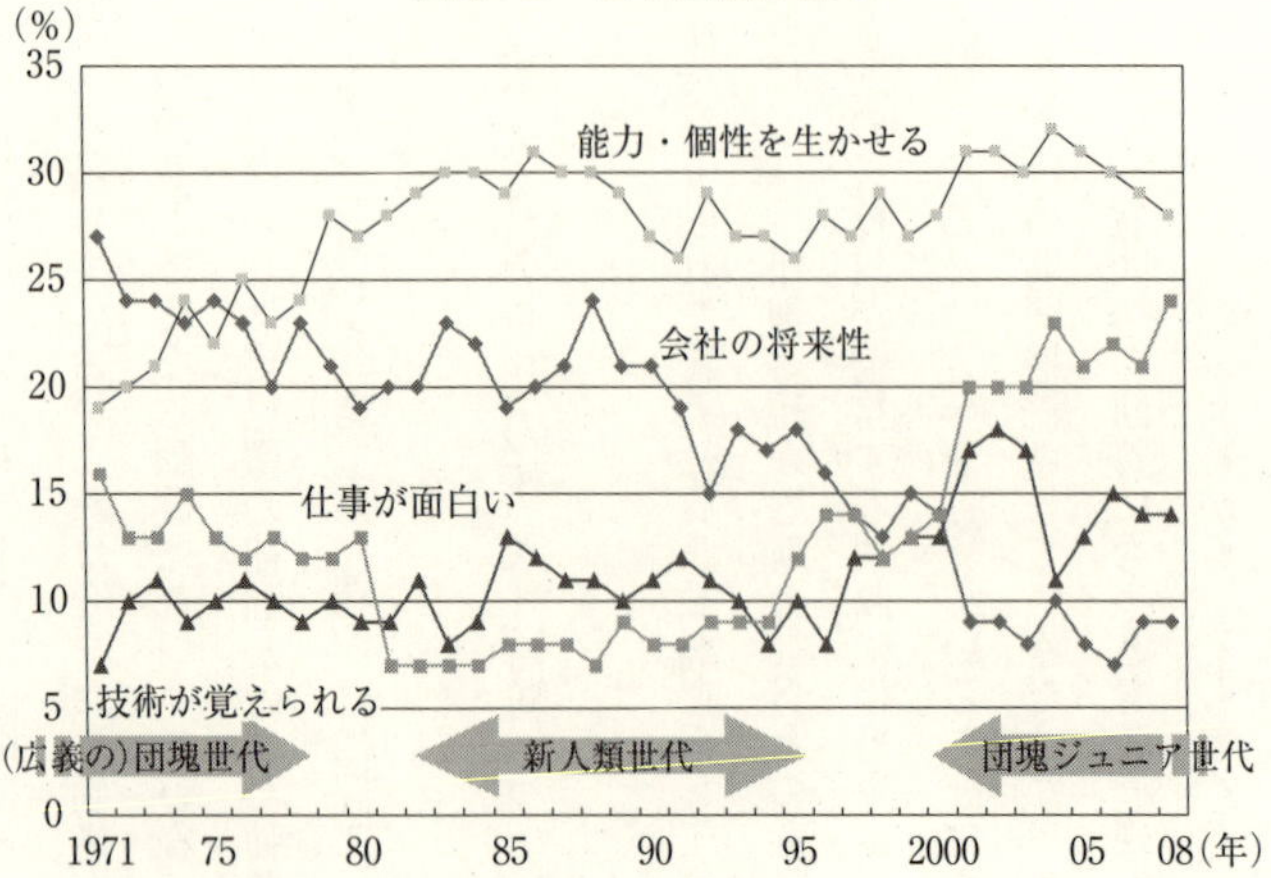

出典：日本生産性本部「働くことの意識」調査より作成。

いるかを反映している。かつて終身雇用制が十分に機能していた時代は、新入社員たちは定年まで世話になる覚悟で入社式に臨んだ。その思いを象徴するのが「会社の将来性」という言葉である。自分の生活を安定させ、高度成長期の急速な生活水準の上昇の波に乗り遅れたくない、という気持は、将来にわたって長く成長力をもつ企業を選択させた（図3-1）。

早い時期に「会社の将来性」を追い抜いていったのが「自分の能力や個性を生かせる」である。昭和五〇年代に入る前後のことだ。この時期に会社に就職したのが、昭和二〇年代の後半から末に生まれた世代である。世代文化的には団塊世代の末尾に属する。ミーイズムと揶揄されることもあったが、彼らしい肩に力の入った自意識の強さがほほえましい。

その後の新人類世代の時代には、「技術が覚えら

図3-2　働く目的

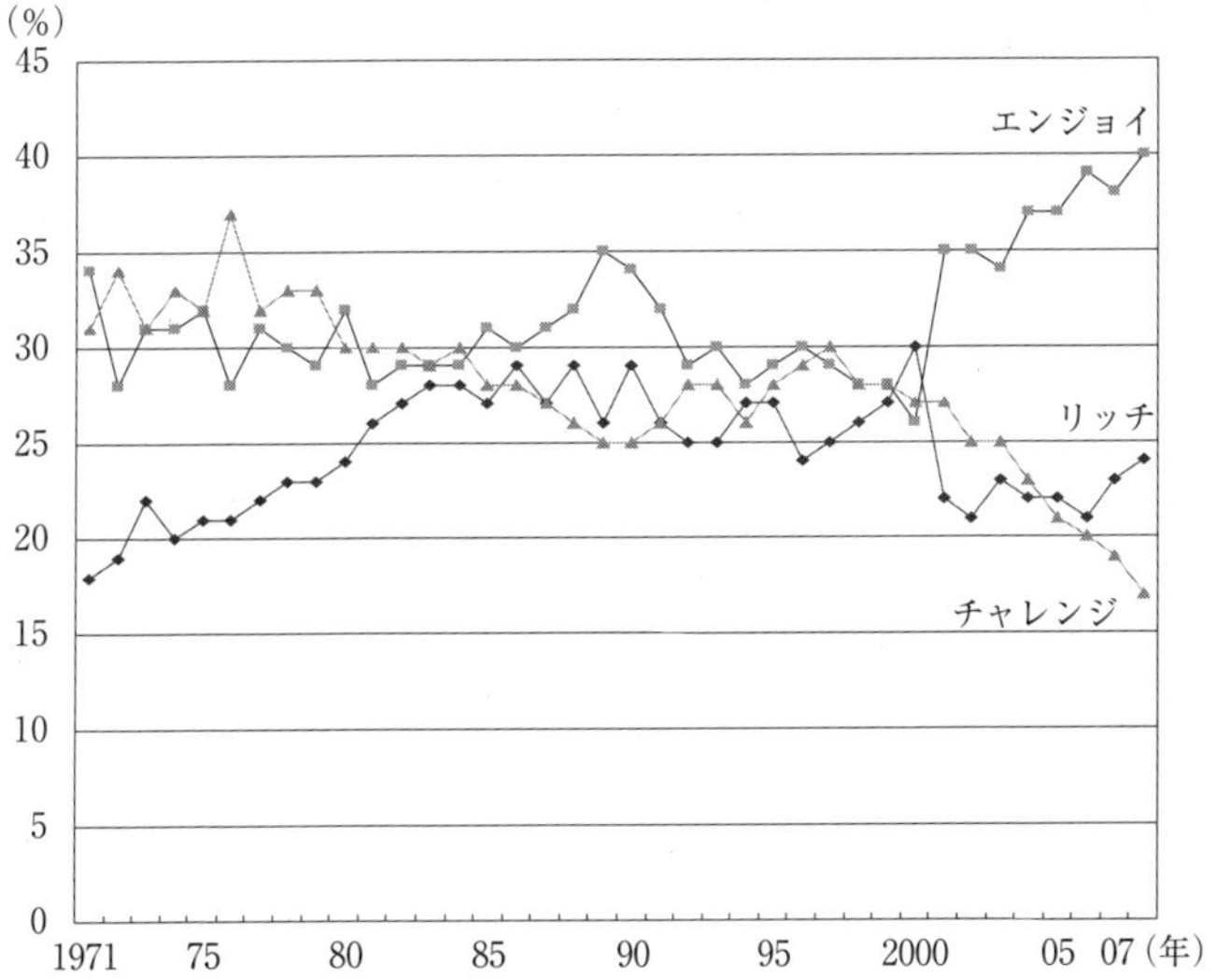

出典：日本生産性本部「働くことの意識」調査より作成。

れる」が三位に浮上したこと以外はあまり変化がない。しかし図3-2を見ると、「働く目的」において「リッチ」すなわち経済的に豊かになることが急上昇していった時代に該当している。すでに高度成長期にひととおりの耐久消費財はゆきわたってしまっていたが、後にバブル時代を招く、新しい消費の動機が形成された時代を物語っている。今の若い世代には理解しにくいかも知れないが、モノがどういう人物像であるかをメッセージする重要な道具だてだったのだ。あの目もくらむほど精密な記号的消費は八〇年代の若者たちに主導されていた。

そして平成不況の中で団塊ジュニア世代が就職しはじめる。平成不況は、終身雇用制への信頼感を大きく損ね、特にこれから就職する若い世代をその枠組みに取り込むことに決定的に失敗した。実は、下の世代を取り込むことに失敗したということこそが終身雇用制の終焉を意味している。関口功が『終身雇用制——軌跡と展望』で指摘したように、終身雇用制を成立させる前提は、企業規模の拡大である。事業規模という意味での拡大も重要だが、終身雇用制に期待をもつ新入社員が常に新規に確保されることがもっと重要だ。

このような状況の中で「会社を選ぶ理由」においては、「会社の将来性」が一層、関心をもたれなくなっていく。新入社員であるということに、単に最初の職場を得た新卒者という以上の意味はなくなった。そしてこの世代が関心をもったのが「仕事が面白い」である。「働く目的」の図3‐2においても、「エンジョイ」が突出する。仕事に「面白さ」を求めることは、彼らの世代の際立った特徴と言える。別に遊び半分で仕事をしようというのではない。彼らは、興味をもつことができ、なにがしかの手応えのあることを職業としたいのだ。別の項目で「面白い仕事であれば、収入が少なくてもかまわない」に五六・三パーセントが肯定的な反応を示している。

こうして見てくると、この四〇年の間に、がらりと変わったのは、職業というものの意味のようだ。調査が開始された頃は、まだ、高度成長期であり、いわば戦後復興からの延長線上にある時代だった。生活は向上し、安定もしたが、まだ新入社員たちの関心の焦点は、いかに「なりわい」をたてるかにあった。必死になって働き、豊かな生活を実現することが目標だった。

図3-3　仕事中心か生活中心か

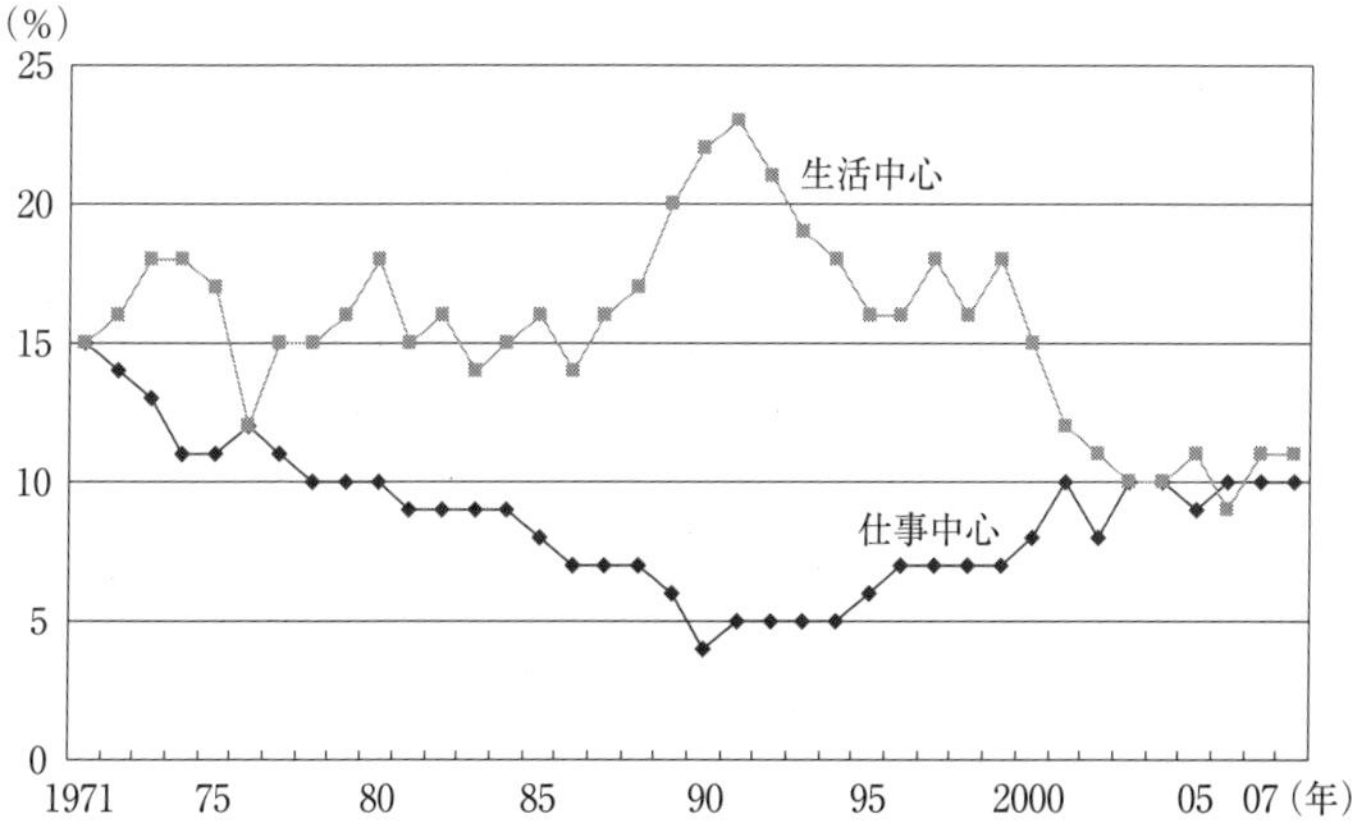

出典：日本生産性本部「働くことの意識」調査より作成。

しかし、そのようにして招き寄せられた高度成長期の結果として実現した豊かな社会に生まれ育った世代は、親が必死になってたどりついた郊外のニュータウンを人生の出発点としている。職業は「なりわい」から、手応えのある人生のための自己探求の場になった。職業というものの焦点が「なりわい」から「自分さがし」に移ったのだ。彼らが仕事に就くようになったのは、平成不況期だった。にもかかわらず、彼らの関心は「お金」よりも「充実感」であったり「達成感」であったりなのだ。

短いタイムスパンで変化を見てみよう。就職戦線が売り手市場か、買い手市場かで新入社員の意識はかなり変化する。「これからの生活を仕事中心にしたいですか、生活中心にしたいですか」という質問の回答をグラフにすると（図3-3）、バブル時代に「生活中心」がピーク、「仕事中心」がボトムとなる。

図3－4　人並みか人並み以上か

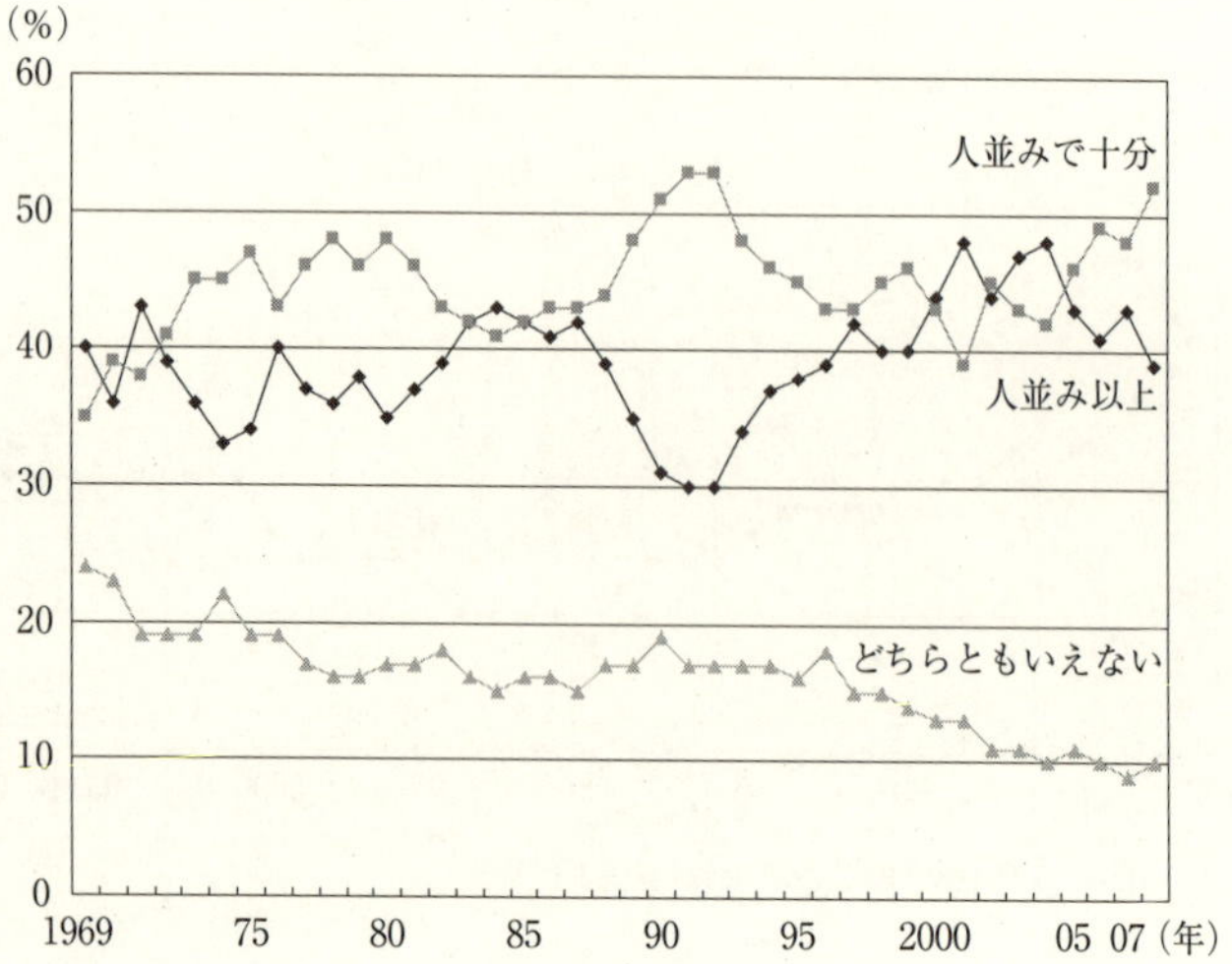

出典：日本生産性本部「働くことの意識」調査より作成。

「人並み以上に働きたいですか、人並みで十分ですか」という質問の回答も同様の変化を示す（図3－4）。

この変化の背景にあるものはシンプルだ。売り手市場の時は、「入ってやった」という気持がどこかにあるため、会社の都合より自分の都合のほうが前面に出てくる。反対に、買い手市場の時には、「入れていただいた」という気持がはたらくため、自分の都合よりは会社の都合を優先する傾向が目立つようになる。

もし、あなたが中高年世代で、先に述べた、団塊ジュニア世代に主導された就労意識の変化があまり実感がもてないという印象をもたれたなら、その原因は、平成不況の中で買い手市場が長く続いたからだろう。彼らは、そもそも職場にあまり大きな期待をもたずに入社してくるので、あまり本音を表に出さない。表に出して、いらぬ摩擦を招くくらいなら、とおりのいい人格を演じているほうが平和だ。それが買い手市場の就職活動で経験した苦労で増幅される。私はこの現象を『新卒ゼロ社会』において「擬態」と名づけた。彼らは高度成長期がもたらした社会変化が完全に定着した後に生まれた世代である。日本の社会の基本的な枠組みは旧世代の感受性を前提としてデザインされている中に、突如、新しいタイプが出現したわけだから、子ども時代から、彼らの世代が感じた違和感はかなり深刻なものだっただろう。彼らの成長とともに家庭内暴力、校内暴力といった現象が浮上してきたのは、そのことと無関係ではないだろう。仕事に就く頃になると、彼らの世代も、その違和感とどうつきあえばいいかを学び、身につけた処世術が「擬態」だったのだろう。氷河期が続き、若手社員はどこの企業でも少数派だ。多勢に無勢の状況は、擬態をより根深いものにしただろう。

若手社員が擬態から目覚める時

長く続いた就職氷河期が二〇〇六年の入社組から様変わりしたとよく指摘される。ある調査によれば、二〇〇八年入社の採用では、団塊世代の大量退職の影響もあって、バブル期なみの採用数があったとされる。これによって、おのずと学生たちの雰囲気も変化した。大卒を例にとれば、入学の時点では相当厳しい就職状況を覚悟していたのが、二〇〇六年入社の学年が結果的にはかなり楽勝ムードで、それが二〇〇七年入社の学年でも続いたことから雰囲気が一変し、二〇〇八年入社の学年は一貫して楽観的な気分で就活に取り組んでいた。二〇〇八年の新入社員意識調査において「複数の内定を得た」とする者は、全体の四六・五パーセント、四大卒に限れば六二・二パーセントにのぼる。この流れは二〇〇九年入社をめざす学生たちにも引き継がれ、おおむね順調に内定を獲得した者が多かった。そこへ突如起きたのが二〇〇八年秋の世界金融危機である。雰囲気は一変し、不況ムードに包まれた。一度出した内定を取り消す企業が続出し、厚生労働省の発表によれば、二〇〇九年三月卒業の学生の内定取り消しは四二七事業所二〇八三人、自宅待機は九二事業所一〇二三人だったという。内定を得た学生たちの不安は深く、入社の日までびくびくしていた者が多かったという。景気の動向はいまひとつ不透明で、二〇一〇年入社の学年もかなり厳しい就職活動になっている。ポスト氷河期の氷河期の到来になるかも知れない。

新入社員意識調査の結果を分析すると、就職活動が売り手市場だったか、買い手市場だったかで微妙に変化する項目がある。図3－3と図3－4をもう一度見てみよう。ポスト氷河期の楽勝ムードが敏感に反映されている。

図3－3では「生活中心」の下げどまり、「仕事中心」の上げどまり傾向を見ることができる。図3－4では、より明瞭に、売り手市場型のパターンになりつつある。これまで長く買い手市場型の就

職戦線だったのが、一時的なことかも知れないが、売り手市場型の就職戦線に変わったのだ。

売り手市場が続けば、「会社に入ってやった」という感覚をもつ若手社員が増え、そうなれば擬態を後退させ、その本音を明快に提示してくる可能性がある。これまで、言わば「だんまり」を決めこんできた若手社員たちが、いっせいに会社に対する違和感の解決を求めてくる、そんなこともあるかも知れない。それは極端としても、このことが企業組織内の世代間ギャップをなにほどか明瞭にすることにはなるだろう。一部の新興企業を除けば、多くの企業は、高度成長期に団塊世代を大量採用している。その世代が順次、定年を迎え、新入社員に置き換えられつつあるわけだが、このことによっても、企業内の世代バランスが大きく変化する。企業組織は、次第に高度成長期以後に生まれ育った世代の感受性にフィットさせるべく大きく舵をきることを迫られるだろう。企業経営的には買い手市場が続くほうがありがたいだろう。大きな変化を先のばしにできるからだ。

ここのところ、いわゆる格差社会論がしばしばマスメディアでとりあげられる。秋葉原で起きた通り魔事件も、容疑者が派遣社員であったため、いきおい不安定雇用のワーキングプアであることが原因の犯行であるかのような議論一色になってしまった。そして、格差社会論と、グローバリズム批判や構造改革批判につなげられる。

しばしば指摘されるのが派遣社員やアルバイトを正社員化すべきである、という解決策である。正社員にすれば、それで事足れりという印象だが、正社員は正社員で、調査結果をもとに見てきたように、さまざまな問題を抱えている。格差社会というのは、正規雇用者と非正規雇用者との間にあるのではない。正社員であっても、過労死するほど酷使されるし、サービス残業も常態化している。むしろクールに時給計算されるアルバイトのほうが公明正大とも言える。

全体としては、今なお日本の社会は、諸外国と比較して、中流層の存在感がしっかりとしていると言えると思うが、格差社会なるものが浮上しつつあるなら、それは正規雇用と非正規雇用との間にあるのではなく、中国やインドの安価な労働力と低賃金競争を迫られる分野と、そうでない分野との間だろう。あるいは、終身雇用制と年功賃金の恩恵に浴することができた世代と、そうでない世代との間だろう。

この新入社員調査が開始された頃、我々は終身雇用制という安定した生活サポート体制を得た。それは当時、非常に切実に必要なものでもあった。高度成長期に日本の社会像は一変し、人口が大都市に集中し、人々を都市へ送り出した田舎でも、多数の新参者を迎えた都市でも、かつての地域コミュニティーはすっかり影の薄いものになってしまった。イエとムラが日本人のもっとも基本的なソーシャルキャピタル（人的社会関係資本）だったが、これが雲散霧消した。代わって「会社」が生活のサポート体制として期待され、終身雇用制が生まれた。終身雇用制はイエやムラに代わるソーシャルキャピタルだった。

低成長期にあって、ふたたび職場がソーシャルキャピタルを提供することは、おそらくないだろう。

ソーシャルキャピタルという視点からすれば、イエやムラの次にカイシャが雲散霧消したのだ。その次に、我々はどこにソーシャルキャピタルを見いだすのかが、格差社会の解決策のポイントである。

ニートは怠け者なのか

二〇〇四年に発表された『労働白書』において若年無業者の存在が指摘されて以来、一挙にニートの問題は社会的関心事となった。そもそもニートとは、就労も就学も職業訓練も求職活動もしていない「状態」のことだったが、いつのまにかある種の人格をイメージさせる言葉となり、「誰それはニートである」といった使われかたをするようになった。若者たちに対するネガティブなレッテルとしてマスメディアはじめ各方面で重宝され、このあたりから一躍、誰もが知る用語となった。当初は、その数がどれほどのものであるかに関心がもたれたが、次第に、その実態や、就業が困難な原因などに焦点があてられるようになった。

私は、厚生労働省のニート自立支援事業に専門委員として関わったことから、ニート状態の若者を対象とする質問紙法調査に携わる機会を得た。その結果は、平成一九年三月に発表された「ニートの状態にある若年者の実態及び支援策に関する調査研究報告書」におさめられている。ここからいくつかのポイントを引用してみよう。

この調査は若者自立塾、地域若者サポートステーションといった支援施設になんらかの形でコンタクトをとった人を対象とするもので、その意味で、ニート状態の若者全体を必ずしも正確に代表するものではない。みずから積極的にではなく、親などの勧めでしぶしぶ、といった場合もなくはないが、ニート状態から脱出したいとなにほどか感じた若者の行動や考え方がすくいとられている。ひとくちにニート状態といっても千差万別で、まったくのひきこもり状態の場合や、すっかりニート状態に安住してしまい、何ら痛痒を感じていない場合もあり、この調査では、そういうケースが調査対象からこぼれ落ちていることに留意する必要がある。

この調査からうかがえる若者たちの姿は、基本的に一般の若者と大きく異なるものではない。学歴（表3-1）は大学に進学した者が四三・五パーセント。学校基本調査によれば、社会一般の大学進学率は二〇〇一年の三九・九パーセントから、二〇〇七年の四七・二パーセントで推移している。調査対象の年齢には幅があるが、おおむね最近の社会一般の大学進学率と大幅に異なるものではない。ただし、大学を中退している者が一二・〇パーセントあり、これは私大の中退率二・九パーセント、国立大の中退率一・六パーセントと比較してかなり高率である。

就労経験についてはまったくない者のほうが少数派である。全体の七九・〇パーセントに連続一カ月以上の就労経験があり、雇用形態別に見ると（表3-2）、正社員が一九・三パーセント、アルバイトが六四・四パーセント、派遣・契約が一一・五パーセントである。職種別に見ると、サービス職が

表3-1　学校歴の状況

(%)

高校入学	391	(93.50)	高校卒業	322	(77.00)
高校入学せず	18	(4.30)	うち高卒まで	64	(15.30)
その他・無回答	9	(2.20)	高校中退	50	(12.00)
			その他・無回答	19	(4.50)
専各入学	109	(26.10)	専各卒業	76	(18.20)
			専各中退	32	(7.70)
			その他・無回答	1	(0.20)
大学入学	182	(43.50)	大学卒業	124	(29.70)
			大学中退	50	(12.00)
			その他・無回答	8	(1.90)

注：N＝418。
出典：「ニートの状態にある若年者の実態および支援策に関する調査研究報告書」。

三一・一パーセント、生産労務職が二五・一パーセント、営業販売職が二二・八パーセントとなる。全体としては、工場などの補助的労働、コンビニや飲食店などのアルバイト店員などが多いようだ。

学校にしても、職場にしても、なんらかの理由によって環境に十分に定着できなかったことがニート状態になることと関係していると思われる。さまざまな生活経験を聞くと、学校でのいじめ、不登校の経験は、それぞれ五五・〇パーセント、三五・九パーセント。職場での人間関係のトラブルの経験は、四一・四パーセントとなっている。ひきこもりの経験、精神科または心療内科の受診経験は、ともに四九・五パーセントである。生活環境でのネガティブな経験がメンタル面に影響しているものと思われる。しかし、総務庁青少年対策本部が平成一二年に実施した「青少年の暴力観と非行に関する研究調査の概要」によれば、いじめを受けた経験は、中学生男子で三一・六パーセント、高校

表3-2　雇用形態度数

		(%)
正社員	163	(19.3)
アルバイト	545	(64.4)
派遣・契約	97	(11.5)
その他	41	(4.8)
合計	846	(100.0)

出典：「ニートの状態にある若年者の実態および支援策に関する調査研究報告書」。

表3-3　苦手な基礎的スキル

	(%)
字を読むのが不得意	(19.1)
字を書くのが不得意	(35.6)
計算をするのが不得意	(42.8)
手先が不器用	(47.6)
人に話すのが不得意	(64.4)
人の話を聞くのが不得意	(34.7)

出典：「ニートの状態にある若年者の実態および支援策に関する調査研究報告書」。

生男子で三二・四パーセント、中学生女子で四三・〇パーセント、高校生女子で四八・一パーセントあるのだ。必ずしもニート状態にある若者のいじめ経験率が突出して高いとは言えない。いじめを受けても、なんとかかろうじて学校や職場に居場所を発見するのではなく、学校なり、職場なりの主要な生活環境から、完全に退却したり、完全に排除されたりといった体験がニート状態に至るまでには深く関わっていることがうかがえる。

　さまざまな基礎的スキルの苦手意識をたずねると、「字を読むのが不得意」は一九・一パーセントにとどまるが、「字を書くのが不得意」三五・六パーセント、「計算をするのが不得意」四二・八パーセント、そして「人に話すのが不得意」が六四・四パーセントと高い数値になる（表3-3）。客観的な指標に基づく質問形式ではなく、あくまで主観指標であるため、社会一般との比較は困難だが、ニート状態にある若者が自発的オーラルコミュニケーションに苦手意識をもっており、そのため、先に述べた学校、職場などの生活空間でのネガティブな体験を解決できないままに、生活空間から退却している可能性を感じさせる。

表3-4　生活意識

(%)

仕事をしていないとうしろめたい	(82.8)
社会や人から感謝される仕事がしたい	(82.5)
仕事をしていくうえで人間関係に不安を感じる	(80.9)
どこでも通用する専門技能を身につけたい	(80.4)
仕事を通じて人間関係を広げていきたい	(78.2)
仕事をしていないことは世間体が悪い	(77.8)
他人にどう思われようとも、自分らしく生きたい	(77.3)
先輩と後輩など上下のけじめをつけるのは大切なことだ	(76.6)

出典：「ニートの状態にある若年者の実態および支援策に関する調査研究報告書」。

二九の項目を挙げて生活意識をたずねた（表3-4）。「そう思う」と「ややそう思う」の合計で肯定的反応を見た。肯定的反応が八〇パーセントを超えたのは、「仕事をしていないとうしろめたい」八二・八パーセント、「社会や人から感謝される仕事がしたい」八二・五パーセント、「仕事をしていくうえで人間関係に不安を感じる」八〇・九パーセント、「どこでも通用する専門技能を身につけたい」八〇・四パーセントであった。これらの項目は、先に紹介した新入社員意識調査で使用している項目と同じもので、両者を比較できるようになっている。それを見ると、たとえば「仕事をしていくうえで人間関係に不安を感じる」に肯定的反応を示すのは、ニート状態の若者で八〇・九パーセントだが、新入社員でも六二・七パーセントあり、その差は一・三倍に満たない。共通する項目について、新入社員を一とした場合、ニート状態にある若者がいくつになるかを示したのが図3-5である。二倍ないし二分の一といった大きな差のつく項目もあるが、多くは〇・七倍から一・三倍という範囲に収まっている。

大きな差がついた項目を見てみよう。「職場の同僚、上司、部下な

図3－5　新入社員意識調査との比較

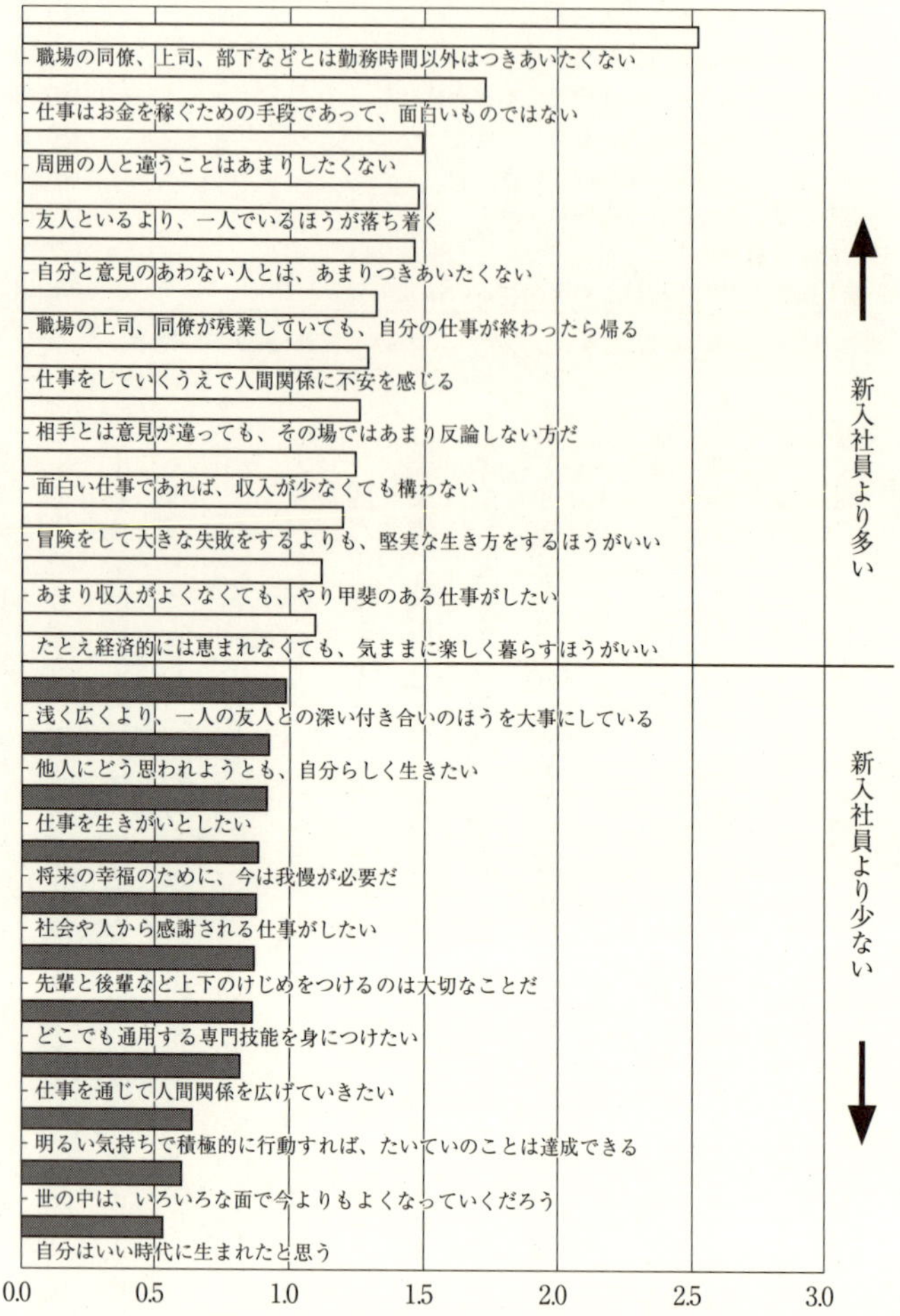
職場の同僚、上司、部下などとは勤務時間以外はつきあいたくない
仕事はお金を稼ぐための手段であって、面白いものではない
周囲の人と違うことはあまりしたくない
友人といるより、一人でいるほうが落ち着く
自分と意見のあわない人とは、あまりつきあいたくない
職場の上司、同僚が残業していても、自分の仕事が終わったら帰る
仕事をしていくうえで人間関係に不安を感じる
相手とは意見が違っても、その場ではあまり反論しない方だ
面白い仕事であれば、収入が少なくても構わない
冒険をして大きな失敗をするよりも、堅実な生き方をするほうがいい
あまり収入がよくなくても、やり甲斐のある仕事がしたい
たとえ経済的には恵まれなくても、気ままに楽しく暮らすほうがいい
浅く広くより、一人の友人との深い付き合いのほうを大事にしている
他人にどう思われようとも、自分らしく生きたい
仕事を生きがいとしたい
将来の幸福のために、今は我慢が必要だ
社会や人から感謝される仕事がしたい
先輩と後輩など上下のけじめをつけるのは大切なことだ
どこでも通用する専門技能を身につけたい
仕事を通じて人間関係を広げていきたい
明るい気持ちで積極的に行動すれば、たいていのことは達成できる
世の中は、いろいろな面で今よりもよくなっていくだろう
自分はいい時代に生まれたと思う
0.0
0.5
1.0
1.5
2.0
2.5
3.0
新入社員より多い
新入社員より少ない

出典：「ニートの状態にある若年者の実態および支援策に関する調査研究報告書」および「働くことの意識」調査より作成。

どとは勤務時間以外はつきあいたくない」、「仕事はお金を稼ぐための手段であって、面白いものではない」、「周囲の人と違うことはあまりしたくない」、「友人といるより、一人でいるほうが落ち着く」、「自分と意見のあわない人とは、あまりつきあいたくない」。以上が新入社員より一・五倍以上高い数値となった項目。「自分はいい時代に生まれたと思う」、「世の中は、いろいろな面で今よりもよくなっていくだろう」、「明るい気持で積極的に行動すれば、たいていのことは達成できる」。以上が新入社員より半分ほど低い数値となった項目。対人関係から逃げ腰になっている態度、仕事に対する期待の低さ、そして社会に対するネガティブな視線、将来に対する悲観的な態度といった項目では大きな差がついたと言える。反面「浅く広くより、一人の友人との深いつきあいのほうを大事にしている」、「たとえ経済的には恵まれなくても、気ままに楽しく暮らすほうがいい」、といった項目では新入社員とニート状態にある若者との間にほとんど差はなかった。

最後に家庭の生活水準（表3－5）だが、ニート状態の若者では「ふつう」という回答がもっとも多く四七・一パーセント、「やや苦しい」二八・〇パーセント、「やや余裕がある」一〇・八パーセントと続くが、

表3－5　家庭の生活水準

(ニート)　(%)

1	余裕がある	3.3
2	やや余裕がある	10.8
3	ふつう	47.1
4	やや苦しい	28.0
5	非常に苦しい	8.9
6	無回答	1.9

(社会一般)　(%)

1	大変ゆとりがある	0.4
2	ややゆとりがある	4.4
3	ふつう	39.0
4	やや苦しい	33.2
5	大変苦しい	23.0

出典：「平成17年国民生活基礎調査」より。

表に示すように、日本国民全体を調査対象とした平成一七年国民生活基礎調査の結果と大幅に異なるものではない。もちろん、経済状態が厳しく、そのため学歴達成が困難であるといったことからニート状態にいたるケースはたしかにあるが、そういうケースばかりでなく、堂々たる中流家庭の子弟であってもニート状態に至ることは少なくないことに注目する必要がある。

このように、ニート状態にある若者は、本質的に同世代の若者とさほど異なる特性をもつわけではない。調査に携わってみて、私にはそのことが印象的だった。意識の面で差のつく項目もあったが、それは、ちょっとしたきっかけで職場や学校といった「外」の生活空間に定着できず、次第に距離をおいてしまうライフスタイルによって形成されたもののように思えた。支援施設で観察すると、心身の軽い障害をもっていると感じさせる若者を見ることもあるが、そういうケースを除けば、ごく普通の若者たちに見えるのだ。では、ニート状態とは、一体どういうことなのだろうか。

我々はいつのまにか、人間は働くことができてあたりまえ、という通念をもつに至った。しかし、思えば、昔から、なんらかの理由で人並みに働くことができない人、働くことがいまひとつしっくりしない人はいたわけで、そういう人に対しては、地域社会でなんとか一定の役割を与え、社会から排除しない工夫をしてきた。生産活動にほとんど従事できない障害者ならば、芸能者やシャーマンのような役割を与えることもあった。そもそも、どのようななりわいをもつかも、周囲のお膳立てがあってのことだった。「○○ちゃんは手先が器用だから、職人に奉公するといい」「○○ちゃんは愛想がいいから、商人になるといい」といった会話は、ムラや町内の大人たちのごく日常的なものだった。現在ならキャリアカウンセラーの仕事に相当する機能を、地域社会のソーシャルキャピタルから得ていた。つい最近まで我々はそのようなことをあたりまえのこととしてきたが、地域コミュニティーの弱体化がソーシャルキャピタルを損ない、〝なりわい〟が近代的な職業という観念でとらえられるようになったことで、決定的に状況が変化した。

さらに、高度成長期以後、働くということは、とりもなおさず、広い意味で会社員になることとほとんど等価になってしまった。全勤労者に占める被雇用者の割合は、一九四〇年には四二パーセントだったが、現在は八六・八パーセントに達する。しかも最近は産業構造が第三次産業主体になってきている。一九五〇年の第三次産業の従事者比率は二九・六パーセントだったが、二〇〇五年には六七・二パーセントに増加した。自然相手の仕事（＝第一次産業）、モノ相手の仕事（＝第二次産業）ならできても、高度なコミュニケーションスキルを必要とする人間相手の仕事（＝第三次産業）には向かないという人材も多いだろう。かつてなら、農業や、あるいは、工場でモノ作りをしていたであろう人材も、昨今は、そのような仕事が減ってしまったため、無理をして「スマイルゼロ円」的な仕事をしていたりする。

地域社会の中で一定の役目を果たすことから、なにがしかの直接的な生産活動に従事することに働くことの意味あいが変化した。さらにそれは、近代的な産業社会では、カイシャで組織的な生産活動に従事することに変化し、さらにまた、人間相手に、高度に洗練された言葉使いや、好印象を得る身なりを必要とするサービス産業に従事することに変化した。ワークスタイルの軸足が変化するたびに、働くことが苦手な人を増産してきたことを我々は忘れがちだ。仕事にあわせてスキルをトレーニングをする余地はたしかにあるが、向かない仕事をする人、無理に無理を重ねて仕事をしなければならない人がかなりの数いるのだ。戦後まもない頃は花形産業だった炭鉱は、やがてエネルギー源が石油に転換される中で、閉山が相次ぎ、職を失った炭鉱労働者を他の産業に振り向ける政策がとられたがなかなかうまくいかなかった。人間が働くということは、どうも机の上で考えるほど柔軟なことではないようだ。

ニート状態にある若者の問題は、まず第一に、このような産業構造の変化、職業観の変化、ワークスタイルの変化が、ある種の若者を働くことから排除する社会的モメントとして作用していることを考えなければならない。彼らの親世代は高度成長期の企業戦士であることが多く、サラリーマン以外のワークスタイルをまったく知らず、地域社会と関係をあまりもたない孤立した核家族は、かろうじて残っているソーシャルキャピタルにも、行政的な支援という新しいソーシャルキャピタルにもアクセスできず、問題を閉鎖的な家庭の中で長くくすぶらせてしまう傾向にある。

若者自立塾や地域若者サポートステーションの運営団体の多くは、本人への支援活動もさることながら、親への支援を重視する傾向にある。本人との接触以前の、親のための相談会、親に対するカウンセリング、定期的な親の会の開催などが試みられ、運営団体の人々によれば、このような試みは、親たちからはおおいに歓迎され、本人の就労にもかなりプラスになっているという。

それがどのようなメカニズムによるものかは今後の研究の課題だが、今の時点では、以下のようなことが考えられる。まず先の調査結果で、「仕事をしていないとうしろめたい」に八二・八パーセントが肯定的反応を示したように、ニート状態に陥ることは本人のセルフイメージに大きな打撃を与える。だが、これは親のセルフイメージも同様なのだ。いつのまにか、働いてあたりまえ、という社会的通念が強く支配するようになったからだ。わが子がニート状態にあることは親にとって「育てかたを間違ったのかも知れない」という疑心暗鬼につながり、深く傷つく。ここで問題を家庭外に持ち出し、誰かに悩みを訴えれば、本質的な解決に至らずとも、心理的にいささかの救いになることがある。しかし、現実には問題が隠蔽されることが多い。知人や親戚はもちろん、近所などにも秘密にされる。地元に支援施設があっても、わざわざ遠方の支援施設を選択するケースが少なくないのだ。また、特に父親の職場には細心の注意で秘密にされる。実際、子どもがニート状態にあることで、父親の職業的能力が疑われ、リストラ対象となったケースがあるという。周囲に対して秘密にすることによって、当の本人と親との間でも、ニート状態にあることが家族内のタブーになってしまい、家族の誰もが触れない話題になる。

親の会は、同じ境遇にある親たちと接することで、初めて、悩みを語りあうことができるようになり、いわば「心が軽く」なることにつながる。同時に、親と子の間で、この問題について会話ができるようになる。このことが大きい。ただ会話しているだけではあまり問題の解決にはならないが、親が周囲に対しても語れるようになり、そのことで、今なお多少なりとも親が保有しているソーシャルキャピタルにアクセスできるようになるのだ。かつてに比べれば見る影もない惨状かも知れないが、数十年の人生を重ねてきた親のもっているソーシャルキャピタルの力はあなどれない。

子どもが一人前の大人になるためには、つまり、ソーシャライゼーションのプロセスでは、今なお、有形無形のソーシャルキャピタルの恩恵を期待しなければならないようだ。かつてとくらべれば、それは学校や、行政システムや、キャリアカウンセラーや、インターネットがもたらすさまざまな情報などが代替するようになった。しかし、完全に代替できるわけではなく、そこにニート状態にある若者の問題も関係していることがうかがえる。経済的困窮などわかりやすい原因の場合は支援の方法も明瞭だ。しかし、実際には原因がよくわからないままにニート状態が続いてしまうケースが多く、そのあたりを解明するのに、職業についての通念が変化したことや、ソーシャルキャピタルにアクセスできているか、がヒントになる。

〝正社員化〟という詐術

ニートやフリーターだけが若者の就労の問題点として関心を集め、そのような「不安定雇用勤労者」をとにかく正社員にしろという論調が目立つが、先に見たように正社員にも問題は山積である。その問題の解決に手をつけずに、安直に正規雇用化を図るのは、終身雇用制をなんとか延命しようとする詐術に見える。

新入社員の早期離職傾向は、就職が非常に困難だった就職氷河期にもまったく後退しなかった。大卒新入社員の三〇パーセントが三年以内に最初の会社を離れるという現象もまた、こらえ性のない若者の姿として一括処理されてしまう。平成不況のもと、企業は限界まで新卒採用を抑制してきた。それによって就職氷河期が招かれたわけだが、その高いハードルを越えて入社した新入社員たちは、ごく少ない人数で若手社員にわりあてられた大量の仕事をこなさなければならなかった。心身ともにボロボロになるまで酷使され、ついには将来への展望を失い、やっとのことで入った会社を去る決意をする。そういうケースも少なくない。中高年世代は、自分がかつて言われたように「一人前の仕事もできないくせに、若手は文句言わずになんでもやれ！」としか言わない。しかし、高度成長期の終身雇用制のような長期的な安定性を失った職場でこれを言うのはかなり無理がある。もちろん、今でもキャリアをスタートさせたばかりの新人が戦力外であることは変わらない。一つの仕事を覚えることにはさまざまな苦労がつきものである。しかし、職場がかつてのような求心力をもたなくなった今、昔のままの流儀を続けようとしても無理がある。もちろん、それは一つの新入社員の教育方法ではある。そういう方法が経営にとってプラスであるという判断が成立するなら、それもまた一法である。また、そういう流儀を好む若者がいないというわけでもない。ただ、そういう職場は、一般的な意味での優秀な人材を確保することが困難になっていくことを覚悟しなければならないだろう。

ニートも、フリーターも、そして新入社員もイマドキの若者である。長く就労できないでいるニートも、新卒で正社員としての就職をした新入社員も、その意識において特別な差異はあまりないと見られることを確認した。にもかかわらず、このようなさまざまなワークスタイルやライフスタイルが出現するのは、個々の若者がことさら怠け者になったのではなく、いくつかの社会的な要因のほうが大きい。

一つは正規雇用の会社員というワークスタイルをほとんどの勤労者が選ばざるを得ないこと。システムエンジニアなどの専門技能者は、本来、会社員というよりは自営業者的なワークスタイルがフィットする。しかし、そういう職種にあっても、無理に会社員として雇用するために、労働量と報酬とがうまくシンクロせずにモチベーションを低下させるケースを見ることが多い。雇用の形態は、職種の特性や働き手の置かれた状況によって、より多様な選択肢があるべきであるにもかかわらず、高度成長期に広く定着した、過保護極まりない正社員だけが標準規格とされるのはいかにも非合理である。先に述べたように、正社員は雇用する側でもかなり大きな負担を覚悟せざるを得ないため、どうしても特定のワークスタイルを強いることになるのだ。さらに、このワークスタイルは、中間管理職以上のレベルにおいて、第一章で触れたフリーライダーを増殖させる弊害もある。

第二は、そのような正社員を採用する手法が、いまだ定期一律一括採用が主流だということ。定期一律一括採用は、高度成長期にすべての新卒者にもれなく職を確保するために、学校が職業斡旋の拠点となる「学校経由の就職」の前提となるシステムである。「学校経由の就職」をうまく機能させるためには、人材と組織の小さなミスマッチには目をつぶる、乱暴なワンチャンス方式が必要だった。なにはともあれ、いかになりわいをたてるかが最優先の課題だった時代にはそれでよかったが、今は就職する側も、採用する側も、もっとじっくりとお互いを観察し、ミスマッチによる早期退職を避けたいところだろう。中途採用、転職なども増え、その意味で採用の方法も多様化しているが、今なお新卒者を四月一日に一堂に集め、入社式をすることにこだわる経営者がいることも事実だ。それがミスマッチにつながり、「第二新卒」などという言葉まで出現する事態を招いている。

第三に、産業構造の変化で、コミュニケーションスキルの程度がエンプロイアビリティーを大きく左右してしまっていること。愛想はないし、何をやらせても不器用だが、きまじめで勤勉、といったタイプの人の仕事がなくなったに等しい。かつて日本の職場にはＯＬと呼ばれる女性勤労者がいた。

事務的な補助労働に従事し、結婚まで、もしくは出産まで勤務するのが普通だった。そのＯＬは、ＩＴ化によって仕事を失い消滅した。もしくは派遣やアルバイトに置き換えられた。何かの事情で一つの職が消滅するということがあるのだ。サービス産業向きではない人材は、いまや余剰人員化している。だとするなら、そういう人材を活用するビジネスに大きなチャンスがあるはずだが、そのような事例はあまり見当たらない。政府や自治体の起業支援にはさまざまなものがあるが、このような視点にたつものも必要だろう。

第四に、職業観が変化した。先に「〝なりわい〟から〝自分さがし〟へ」と要約したが、人生の持ち時間の多くを割くことになる「仕事」という生活シーンを、単に生活費の獲得の手段と考えずに、なにがしかの充実感、なにがしかの手応えのともなう営みにしたい、という考え方が若い世代に顕著である。これ自体は、社会が豊かになれば、ただ生活ができるというだけでなく、より高度な目標設定がされるようになったというだけのことだ。しかし、高度な目標を志向するあまり、最低限の目標も達成できないでいる矛盾を生んでいる場合があることも事実だ。そういった事例だけを取り上げて、若い世代の職業観を浮遊性の高いものだとする批判は、高度な目標にチャレンジする資質を有する若者たちのモチベーションをも失わせる。これも一種の詐術だろう。

先にふれた新入社員意識調査の「会社を選ぶ基準」の推移の図３－１にフリーター数の推移を書き込んでみると、「仕事が面白いから」という回答の数値の増加と、フリーター数の増加とが並行する

図3-6　会社を選ぶ基準×フリーター数

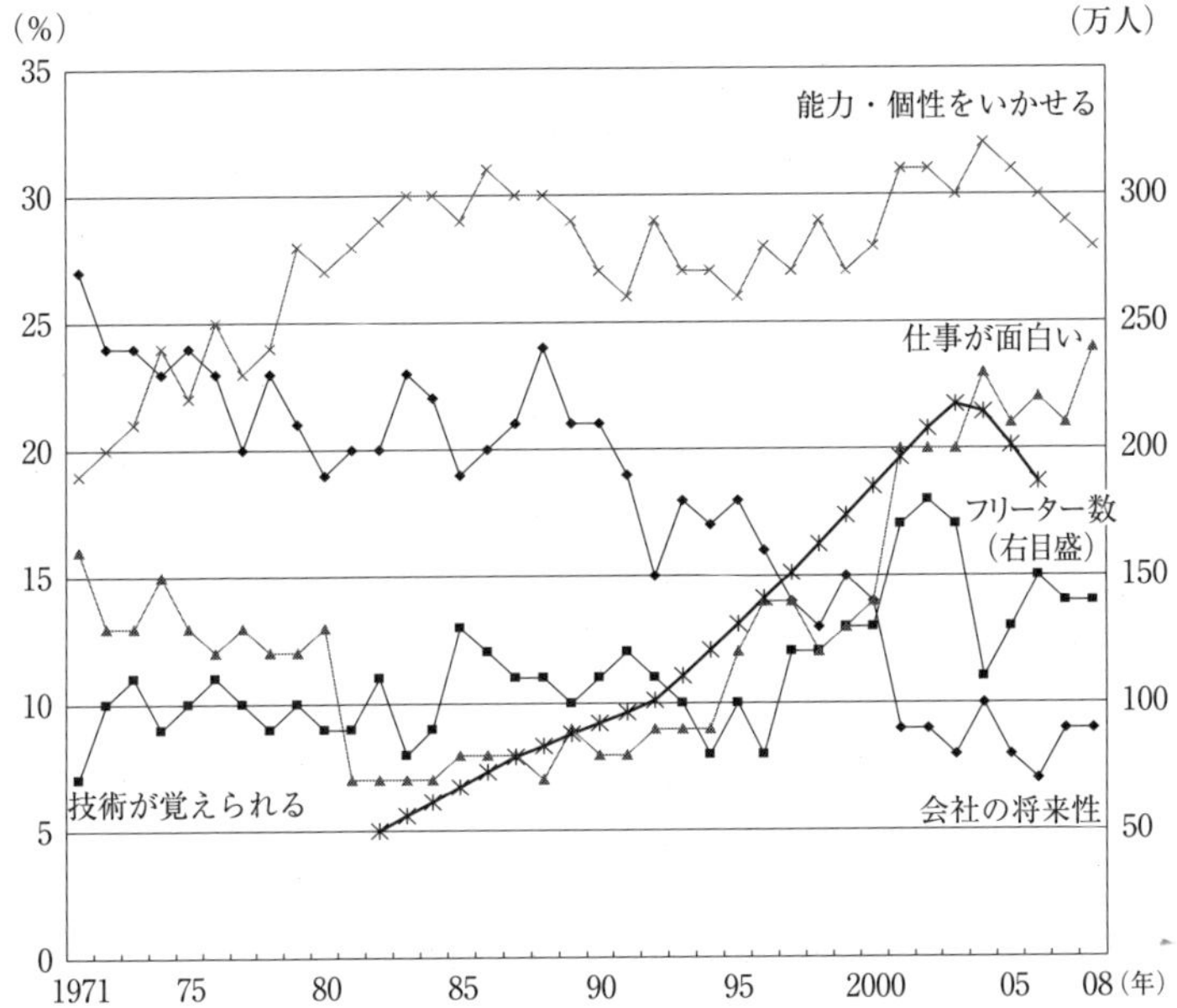

出典:「働くことの意識」調査および「平成21年版労働経済の分析」より作成。

現象であることがわかる(図3-6)。直接の因果関係があるかは別の問題になるが、若者たちの仕事に対する考え方の変化が、会社員となることへの求心力の低下と関係していることをうかがわせる。それでもなお、正社員となる若者のほうが多数派であるが、正社員となった若者であっても、それはかつての企業戦士とは大きく異なるものであることはいうまでもない。

このように考えてくると、若者たちの「自立」を積極的に「支援」する必要性が浮上してきていることがわかる。これまでは定期一律一括採用、学校経由の就職、終身雇用制の三点セットによって、若者はかなりスムーズに経済的自立を獲得できた。学校から職場へと半ば自動的に押し出され、あとは終身雇用制の枠組みに身を任せれば、定年まではそこそこ安定した暮らしが保障される。このライフスタイルの五五年体制というシステムは若年失業率を低く抑えるのに大きく貢献し、我々は、若者はほうっておいても自立できるものだと思い込んでしまった。もちろんこのシステムも、現場で運用の労をとっていた、学校の進路指導担当の教員や、企業の採用担当者がかなり手間をかけて細かい配慮をしていたわけだが、これは、かつて地域共同体のソーシャルキャピタルがもっていた機能を、三点セットが代替するようになったということである。三点セットのどれもが、それぞれの事情で過去のものになりつつある今、これに代わるものが必要になるのは当然のことだ。ニート状態の若者を支援する枠組みは、そのごく一部にすぎない。

第4章　総中流社会に代わる若者の居場所

自分の値打がわかったよ

自分の値打がわかったよ——。援助交際の経験をもつ女子高生がそう言うのを聞いたことがある。ニュアンスは逆だが、まったく同じ言葉を、就職活動に苦戦している大学生からも聞いた。自分を一つの商品のようにとらえる傾向が若い世代にはあるようだ。中年サラリーマンも「自分の商品価値」のようなことを、やや自嘲気味に言うことはあるが、若者たちにはある種の実感としてそういう思いがあるのだろう。

おそらく、長期的な人間関係の中でゆっくりと自己形成することが可能だった世代と、そうではなく、常に瞬間的な勝負を強いられてきた世代との感覚の差なのだろう。つまり〈世間〉育ち世代と〈市場〉育ち世代との違いである。

若い世代が大人たちとは異なる感受性をもつことは特に珍しいことではない。多くの場合、それは「大人は信用できない」とか「若いやつらはだらしがない」といった、いわば互いに感情的な違和感をもつという程度のことだ。しかし、今、この社会にある世代間の落差はそういう種類のものではないようだ。静かで目立たない現象だが、既存の社会システムが、さまざまな場面で、若い世代から日々ボディブローをくらっているという感じだ。

いわゆるフリーター現象は数百万人による静かなストライキだ。正規の就職先がないことでフリーターになる場合が多いが、たいていは「これもまたいいものだ」とそこに安住してしまう。立場は不安定だが、その身軽さが意外に快適であることに気づくのだろう。ＩＴがらみのベンチャー企業の多くは、オールドエコノミーに対する巧妙な詐欺の側面がある。晩婚化、少子化は次代を担う世代を再生産する役目の放棄。パラサイトシングルは自立への抵抗。最近の若い世代はあまりモノを買わず、買っても安価なものばかり。かつての若者たちのように猫も杓子も車をもったりはしない。これは一種の不買運動だ。もう少し下の世代の登校拒否、学級崩壊、ひきこもり、といった現象は、そろそろ終わりの見えてきた終身雇用制のレールには乗らない、という意志を表明する通過儀礼とも言える。誰かが組織的に指導しているわけではないのに、至るところで若者たちのゲリラ的な戦いがくりひろげられている。

学生に何か意見を求めると、決まって開口一番「人それぞれだと思います」と言う。そうじゃなくて、君の意見を聞いているのだ、とたたみかけるとようやく重い口を開く。どうも集団の中で突出してしまうことを恐れているようだ。中学生のグループインタビューで一人の子を指名して、「最近テレビは何が面白い？」と聞くと、両隣の友達とちょっと相談して統一見解を作ってから、「スマスマです」などと答える。周囲から同調圧力のようなものが作用しているらしい。

それでいて、彼らは人の視線を意識することがあまりない。友達集団の視線は意識しても、ゆきずりの人はまるで無視だ。だから電車の中で入念にメーキャップすることができるし、街角でキスすることも平気だ。同調圧力と傍若無人とが極端な形で共存している。同調圧力によって厳しく相互監視される小さな世界、その外は、一足飛びに無意味な空間になってしまう。自分という個人が、なだらかに公共圏に接続されていくという距離感が彼らにはない。

しかし、これは若者たちだけの問題ではない。集団と個人との距離感をどのように調整するかは、我々の社会の緊急の課題でもある。バブルの崩壊以後、この十数年間に起きた現象を見ていると、どうやら、集団主義的な社会のありかたがいきづまり、より個人にアクセントの置かれたネットワーク的な社会のありかたにシフトしなければならないようだ。行政による調整が、どうしようもなく硬直化した利権構造を生み、終身雇用制が非効率的で無責任な企業行動を生んでいる。〝なじみ〟の関係の中でもたれあうことが、もはや有害であると知りつつ、そこから抜け出せないでいる。

我々の社会は「和の精神」で操作するには、あまりにも巨大で複雑になってしまったのだろう。とは言うものの、一朝一夕に新しいシステムに乗り換えるわけにはいかないのが難しいところだ。既存のシステムは、その既得権益にしがみついている人々を抱えている。これまでの集団主義的なシステムで既得権益をもった人々にとって、その変化は死活問題だ。群を離れたいと思っても、狼に襲われることを恐れて単独行動ができない「子羊のジレンマ」である。

一人のほうが楽だから――対人関係のリスク

それだけではない。互いの針におびえるあまり、密着した関係を避ける「ヤマアラシのジレンマ」というのもある。我々はその二つのジレンマに板ばさみになっている。

私が設計と分析を担当した「平成九年度東京都青少年健全育成基本調査」によれば、都内の中高生の三四・四パーセントが「一番好きな時間」として「自室などで一人で過ごす時」と回答している。これが一番多い回答である。都内の二〇代の男女を対象とする別の調査でも、「居心地のよい場所」として「自分の部屋」を挙げる者が八一・九パーセントにのぼった。若い世代の間で対人関係がうっとうしいものとしてとらえられていることがうかがえる。個別に話を聞くと、決まって「一人のほうが楽だから」と言う。この傾向は今に始まったことではないようだ。ＮＨＫの継続的な世論調査では七三年以来、「より密着した関係」を好む人が減り、「ほどほどの関係」や「よりドライな関係」を好む人が増えている。これは下の世代ほど顕著に見られる傾向であるが、必ずしも若者たちだけの現象ではない。

ムラやカイシャといった、深い対人関係で満たされた生活空間は、我々の生活の基盤であった。生きていくためにはそれを完全に拒絶してしまうことはできなかった。だからこそ、我々はややこしい人間関係ともなんとか折りあいをつけて生きてきた。豊かな社会は、そんなものにしがみつかなくても、そこそこの生活ができるという可能性を浮上させる。電子的にコミュニケーションすることが可能な社会は、物理的な空間まで共有しなくても、そこそこの関係を維持できるという可能性を浮上させる。最近の若い世代が堰を切ったように、面倒くさい対人関係をあからさまに拒否し、ちょっと距離をおいた関係を志向するようになったのは、それでも生きていける社会が出現したからなのだ。上の世代だって、面倒くさい人間関係にはさんざん辟易《へきえき》させられてきたが、生活のために、やむを得ず我慢してきた。その我慢をする必要性が低下した。かくして、若い世代から順に、この緊密な人間関係で構築されたシェルターに依存しなくなり、積極的にはコミットしないというやりかたで、既存のシステムに日々ボディーブローをくらわせる。

しかし、このことはコミュニケーションにとっては危機である。人間同士が集団を作り、空間を共有して生きざるを得ないことが、反面ではコミュニケーションのインフラにもなってきた。そういう生活空間の中で、我々は、互いに気持ちをなんとなくわかりあったり、誰かの顔をたてたり、長いものに巻かれたりして生きてきた。こういう生活空間が高度成長期以来、さまざまな場面で影の薄いものになっている。まず田舎の村落が、都市の地域コミュニティーが、そして家族さえも、ゆるぎないものから〝こわれもの〟になった。最後に残ったのが終身雇用制のカイシャだったが、これもついにとどめを刺された。つまり、我々は伝統的なコミュニケーションのインフラを、長い時間をかけて解体してきたのだ。

若者文化を注意深く観察すると、コミュニケーションのインフラが期待できなくなっていく状況にあって、いかにしてコミュニケーションを維持するか、という工夫の歴史であったことに気づく。昭和二〇年代生まれの世代は、政治やサブカルチャーのスラングめいた言葉を巧妙に使い、大人たちと対峙することで、若者同士の連帯感を再編成しようとした。昭和三〇年代生まれの世代は、商品を言葉、つまり、コミュニケーションのツールとして駆使するという卓抜なアイデアを限界まで精緻化した。同時に、直接的な対人コミュニケーションを可能な限り回避するライフスタイルを発明したのも、この世代のオタクくんたちだった。そして昨今の団塊ジュニア世代になると、広範囲にわたるコミュニケーションを最初からあきらめ、元々スムーズにコミュニケーションできる相手を探しだす戦術に転換した。

今どこにいるの——パーソナルメディアがもつパワー

若者が携帯電話で誰かと話しこみながら街を歩いている風景は、もう人目をひかなくなった。電車の中で必死になってメールを打っている姿も見慣れた。「一人のほうが楽だから」と言う割には、彼らが「うざい」と嫌う人間関係に飢えている感じだ。彼らは、違う、と言う。この種のコミュニケーションは「いつでも降りることができる関係」だから楽だし、逆に自分を素直に出せるのだ、と。かろうじて得たコミュニケーション可能な相手との関係をほどほどに維持することに、結果的にはかなりのエネルギーが投入されている。携帯電話は、濃密な対人関係で満たされた「うざい」生活空間から距離をおくための有力なツールとして発見されたにもかかわらず、メールの返信が遅くなったことで友達関係が気まずくなった、という話をしばしば聞く。

若い世代のコミュニケーション状況がそれまでのものとは何か本質的に変わってしまったと思いがちだが、そうではない。縁側談義、井戸端会議といった古い言葉があるように、そもそも人間は他愛もない会話を楽しむものなのだ。ただ大きな変化は、「縁側」「井戸端」といった特定の空間と時間を共有している状況でなくても、コミュニケーションが可能になったことである。だから携帯電話での世間話は「今どこにいるの?」から始まる。

「今どこにいるの?」

「今、渋谷なんだけど、すっごいかわいい服見つけたよ」

「ほんと! 今、バイト終わったところだから、すぐ行くよ。そっち着いたら、また呼ぶね」

携帯電話によるコミュニケーションの、このリアルさ、このスピード感の前では、マスメディアの情報はいささか見劣りがする。その「かわいい服」の写真まで瞬時に送ることができる。こういう情報を寄せてくれるのは必ずしも友達だけではない。インターネットにアクセスすれば、ありとあらゆるジャンルの情報のカリスマが日々新しい情報を発信している。

いつでも、どこでもコミュニケーションが可能になることで、個人間で交換されるメッセージの量は飛躍的に増加した。これにまともに対応しようとすれば、のべつ携帯電話やメールでコミュニケーションせざるを得ない。これまで雑誌を読んだり、テレビを見ていた時間が、そういうパーソナルなコミュニケーションのために費やされるようになる。夜九時以降はテレビを横目で見ながらメールチェックというのは若い世代の定型的なライフスタイルだ。若者たちのコミュニケーションの比重は、マスメディアを蚕食しながらパーソナルメディアのほうへ移っていく。テレビをはじめとする既存のマスメディアもまた、若者たちからのボディーブローを受けている。

若い世代を相手に成功しているテレビ番組は、いずれもこういう状況にうまく適合したものになっている。テレビ番組がホームページをもつことは今やごく当然のことになっており、番組のホームページ上の「掲示板」で個々の視聴者間のパーソナルなコミュニケーションに場を提供したりもしている。それ以上に、番組の形態そのものが初めから、パーソナルコミュニケーションの片手間に横目で眺められていることに対応している。

バラエティーショーが典型だが、細かいコーナーを集積する形式、声高で激しい言葉の応酬、展開に次ぐ展開、このようなテレビ番組が若い世代の人気を得るのは、それが番組全体を注視する性質のものではなくなったからだ。横目で眺められ、たとえ一部分にしても「見た」と記憶に残ることこそが目的で、番組全体として何が表現されているかはあまり問題ではなくなってきている。あるコーナーは記憶しているが、それが何という番組のコーナーなのか記憶がない、という経験をする人は多いのではないか。瞬間最大視聴率を「果たして次は！」と、いかにして引っ張るかが番組作りの基本になっている。

若い世代に照準した最近のドラマを見ていると、演出技法や俳優の演技がマンガの影響を強く受けていることに気づく。シーンの切れ目、特にCM前の切れ目などは、たいていの場合、マンガの一つのコマのような絵づくりになっている。俳優の演技も、かなり誇張された表情など、やはりマンガの影響を感じる。実際、マンガを原作としたドラマは非常に多いし、内容的にも主流はラブ・コメディーで、これは八〇年代半ばからマンガがもっとも得意としてきたジャンルである。制作スタッフがこのマンガの黄金時代を存分に呼吸した世代であることや、小説を原作とするより、すでに映像化されているので楽ということも関係しているだろう。だが、それだけではないようだ。ドラマもまた、横目で眺められる一種のバラエティーショーなのだ。横目での〝ながら視聴〟をいかにして注視にもっていくか、という発想から、全体としてのストーリーの構造よりは、個々のシーンの印象の強さを重視するようになった。そのためにはドラマの伝統的な技法よりも、マンガから移植された技法のほうがフィットしたのだろう。

そのようにして印象づけられた切れ切れの記憶は、翌日の「あたりさわりのない話題」として消費されていく。テレビとパーソナルコミュニケーションとの接点は「あたりさわりのない話題」というところにもある。本音で真剣に語り合うことは、深刻な意見の対立を招くこともある。適度な距離感のそこそこの対人関係を維持するには、それは非常にリスキーだ。その点、テレビについての話題は安全だ。つまり、テレビはコミュニケーションが成立しにくい者たちに、あたりさわりのない話題を提供するという役目も果たしている。本気で言うのだが、これはテレビの非常に重要な社会的使命である。

うざいなあ――回想のベルエポック

空間を共有し、その中を〝なじみ〟の関係で満たし、それをシェルターのようにして生きるライフスタイルを我々は長く続けてきた。終身雇用制もそうだったし、さかのぼれば村落共同体もそうだった。それは〈世間〉と言い換えることのできる場所だ。若者たちが「うざいなあ」と言って嫌う場所のことだ。この十年間で、その〈世間〉がゆっくりと退潮していった。しかし、若い世代を含め、我々はいまだ〈世間〉に代わる人間関係のフォーマットを見つけていない。上の世代が、それを沈みつつある船と知りながら、しがみつくのを一向にやめないのはそのためだろう。既得権に対するガードがひどく固い。

多くの人たちが、なんとも生きにくい時代になったものだ、と考えている。たしかにそうだろう。まず、何を信じればいいのかわからない。まがりなりにもゲームのルールがはっきりしていた時代なら、生き方の方針くらいはたてることができた。しかし、今はそうではない。どういうルールに従うべきかさえ不透明な状態だ。

そして我々は、この不透明な十年間の、さらにその前の時代をふと思い出す。住宅ローンに苦しみ、受験競争に悩み、物価高やら、出世競争やら、インフレやらに不安を感じていた「あの時代」は、もしかしたら、幸せな「よき時代」だったのではないか、と。

ベルエポック——よき時代という言葉がある。今からちょうど百年あまり前のヨーロッパ、特にパリやウィーンを念頭において使われる言葉だ。この言葉は、その当時すでにあったわけではなく、第一次大戦など、その後の長い荒廃の時代に浮上した回想の中から生まれた言葉だという。我々はまさにそこにある時、それを「よき時代」だと思うのではなく、そこを過ぎ、多難な時代を迎えて初めて、ある過去を「よき時代であった」と思うもののようだ。

いろいろ問題はあったが、なにはともあれ、戦争に巻き込まれる懸念もなく、しかも、国民の大多数が職を失う不安から解放され、さらに、やりようによってはそこそこ安定した一生が約束され、なにかの拍子にそこからこぼれ落ちれば、不十分とはいいながら公的な援助も期待できる、しかもゲームのルールがはっきりしている、そんな半世紀を我々は過ごしてきたのだ。人類史上、こんな半世紀はかつてなかったと言ってもいいだろう。たしかにこの半世紀、我々の中からは、世界に誇るべき芸術作品も、後世に長く語り継がれる英雄も生まれなかったかも知れない。しかし、それをベルエポックと呼んで不都合があるだろうか。いささかあじけない、ぬるま湯のベルエポックではあっても。

世紀末のヨーロッパと、一人あたりのＧＮＰが戦前の水準を回復した昭和二八年以降の日本とを、同じようにベルエポックと呼ぶことにはたしかに違和感がある。それでもなお、その時代についてこの言葉で思考しようとするのは、それがすでに「失ってしまった」ものであることを強調したいからだ。今、我々が抱えているさまざまな問題は、かつて我々が信じて疑わなかったもの――ライフスタイルの五五年体制――が失われてしまい、もはやそこへ戻ることができないということに出発点をもっている。「次の時代」に適応していくためには、なにはともあれ「何かが終わった」という感覚をもつことが前提となる。そのためには、このベルエポックという言葉がふさわしい。

村落共同体が全国的に定着した元禄・享保以来の到達点としてのベルエポック――ライフスタイルの五五年体制――を卒業しつつある今、我々は言いようのない閉塞感を味わっている。だが、それには「産みの苦しみ」という側面もある。我々が長年望んでも得られなかった、しっかりと自立した個人や、開放的で風通しのよい組織や、適度な距離感の中で孤独を楽しむライフスタイルを手に入れるチャンスでもあるのだ。

多摩センター駅前で

今や我々が人と人とのつながりを実感できる場所は非常に限られている。かつては村落共同体がその役割をほぼ全面的に担ってきた。高度成長期に地域コミュニティーが解体するにつれて、「職場」がその役割を、部分的にだが、担うことになった。終身雇用制のもと、職場を自分の「居場所」と覚悟を決めれば、その保護膜の中に安住することができた。

職場の内部に厳しい競争や泥沼の派閥争いがあったとしても、そこは、大枠としては運命共同体としてゆるやかな連帯感で満たされ、家族ともども安定した一生が約束された。

しかし、日本の産業が成長期を過ぎた今、職場はそのような「恩恵」を保障することができなくなった。無用な人材は容赦なくリストラされ、働きに応じて報酬が計算される仕組みに変化しつつある。職場は労働力と報酬が交換されるだけの場所となり、深い連帯感などという「ぜいたく品」とは無縁になりつつある。

かつての地域社会はすでになく、家族関係も、かつてよりは薄味なものに変化し、職場や親戚との対人関係も希薄になった今、我々はどこに人間関係を求めればいいのだろうか。我々は今や「自分から積極的に対人関係を求めなければ孤独にさいなまれる」という環境に生きているのだ。しかも、我々のコミュニケーション能力や、対人関係の制御能力は実に心もとないものでしかない。また、不用意に対人関係を結ぶことは、期待外れやストレスの原因となりかねない。その危惧から対人関係になかなか積極的になれない人も多い。社会学者デービッド・リースマンが一九五〇年にアメリカ社会について指摘した「孤独な群衆」という現象は、五〇年以上も経てようやく我々の現象となったわけだ。

ここ半世紀ほどの私たちの自己像の変化を写して見るのにもっとも適している鏡が、この郊外のニュータウンである。廃墟とまでは言わないが、今や、かつてのように明るい未来に満ちた場所でもない。中途で終わった開発事業。大幅に値下げされた不動産物件。テナントが入っていない商業スペース。多摩センターから二つめの駅前には数年前に大規模なアウトレット・モールが出店した。アウトレット・モールとは、一流ブランド商品の売れ残りを安価で販売する、そのブランド自身の直営店の集合体だが、郊外のニュータウンという居住空間自体が、今や、アウトレット・モールで売られる商品のような微妙な位置づけなのだ。

ここの住人（サバービア、郊外の住人）は、すべて「新参者」である。互いに何の関係ももたない新参者同士がさまざまなところから移り住み、ここに集まった。しかもそれは、おおむね夫婦と子どもで構成される「核家族」。子どもの数は一人か二人という「少子化」家族。夫の職業は企業サラリーマン。妻は専業主婦がほとんどで、地域活動などをする者が多少混じる程度。我々はこの状況にどのように対処していくのだろう。この「郊外」こそ、成長期を過ぎた日本の社会がどのように変化していくか、なかでもコミュニケーションや対人関係の将来像を目の当たりにできる場所である。

朝の多摩センター駅前。多くの人が都心の勤務先に一時間半程度かけて通勤する。ニュータウンのここかしこの家庭から吐き出されたビジネスマンは、互いに目礼することもなく黙々と通勤電車に乗り、都心へと運ばれていく。

この街には大手企業のオフィスもあるがごくわずかだ。バブル期までは、ここに新しいビジネス街ができ、理想的な職住近接のライフスタイルが可能になるという期待もあったが、実現するに至らなかった。オフィスばかりか、住人さえ、地価の下落にともない、この街からより都心に近い場所に引っ越した人が多いのだ。通勤者たちの中には女性もいるが、男性のほうが圧倒的に多い。働き盛り世代の街。上は五〇代、下は二〇代後半の結婚して間もない、小さな子どもがいる若いパパという感じの世代まで。電車通学の中高生も多い。そういう子どもたちの親が多く住んでいることもわかる。反対に、多摩センターに到着する人たちの中には大学生がかなりいる。多摩ニュータウンには首都大学東京、中央大学など十以上の大学がある。いずれも都心から移転した大学である。

午後は一転して女性と子どもの街になる。食料品を買う主婦たち。喫茶店で談笑する主婦たち。よちよち歩きの子どもの手をひいたママ。乳母車に赤ん坊をのせたママ。この街に専業主婦がかなりたくさんいることをうかがわせる。それはなごやかな社交ではある。しかし、社交の域を出ないものでもある。楽しみになる範囲でのおつきあい。互いに深入りすることを慎重に避け、適度な距離感を保った関係を維持する。プライバシーの高さがこの街の最大のキャッチフレーズだったのだ。なにもかもがあけすけのムラ的な生活に辟易として新天地を求めた人たちが、ここの住人の第一世代なのだ。今になって、もっと距離をつめた密接な関係をもつべきなのだ、ということに気づき、あわててそういう関係を模索する動きが目立つようになった。子どもたちが成長して廃校になった小中学校の校舎を、さまざまなボランティア活動や住民交流の拠点として再利用したりしている。

休日の午後は幹線道路沿いの駐車場つきのスーパーや量販店がにぎわう。駐車場に待ち行列ができている。テーマパークのサンリオピューロランドに行く家族連れも多い。片側三車線の多摩センター通り沿いには、家電製品、家具、衣料品などを売るロードサイド店や、ファミリーレストランが多いのだ。ここも家族連れでにぎわっている。商品とサービスの豊富さは、プライバシーの高さと並ぶ、この街の身上である。商品——豊かさを象徴するあれやこれやの耐久消費財——を手に入れるべく、人々はこの街に集まったのだから。

高齢者の姿が急速に増えつつある。地元の人に聞くと、早い時期に開発された地域では、子どもが独立し、老夫婦だけで暮らしている人が目立ってきたという。そもそも団塊世代という単一の世代を収容するために作られたものだけに、ニュータウンが高齢者タウンに一変するのはそう遠いことではない。

ここの住人の平均像は、夫と妻に子どもが一人ないし二人。夫は都心に勤務するホワイトカラー。妻は専業主婦であったり、パートタイムの仕事をしていたり。戦後型近代家族の総本山では、女性のフルタイムワーカーは比較的少数だ。老親は同居していない。つまり日本のごく平均的な核家族像。どこにも違和感のない、ごくありふれた風景だった。

わずか四〇年前、この多摩センター駅前一帯はうっそうとした雑木林だった。もちろん京王線も小田急線も通じていなかった。多摩ニュータウンの開発が始まったのは一九六六年、入居が開始されたのは一九七一年だ。そして今やこの地域におよそ一八万人が住んでいる。中核を占める多摩市の人口は、開発前の昭和二五年には七三九四人（当時は多摩町）。丘陵地で養蚕と梨の栽培が行われていた。この半世紀で、人口は約二〇倍になった。そして今、一部の地域では人口の減少が始まった。

この人たちはどこから来たのだろうか。そしてどこへ去ろうとしているのだろう。むしろ、どうしてこんな大規模なニュータウンを作ることが可能だったのか、と考えるべきなのではないか。こういう家族の、こういう暮らし方はどのようにして始まったのだろうか？

ニュータウンのイメージの原型

日本のニュータウンにはイメージ上のモデルがある。昭和三〇年代に盛んに放映されたアメリカ製ホームドラマは、ほとんどが大都市郊外が舞台だった。『パパは何でも知っている（Father Knows Best／一九五八年・日本テレビ系）』『ビーバーちゃん（Leave It to Beaver／一九五九年・日本テレビ系）』『アイ・ラブ・ルーシー（I Love Lucy／一九五七年・NHK）』などなど。『アイ・ラブ・ルーシー』は都心のアパートから郊外の一戸建てに引っ越すことがシリーズの重要なエピソードになっていた。我々はこういうアメリカ製ホームドラマを通じて、アメリカの圧倒的に豊かなライフスタイルを知った。当時、我々はお茶の間でちゃぶだいを囲みながらこのような番組を見た。リビングダイニング育ちの世代には、お茶の間といってもイメージが湧かないだろう。マンガ『サザエさん』で一家が食卓を囲む部屋のことである。我々はお茶の間のちゃぶだいで食事をしながら、ようやく普及しはじめたテレビを通じてこういう新しいライフスタイルを初めて見たわけだ。ちなみに、早くも、七〇年代の野球マンガ『巨人の星』では、茶の間でちゃぶだいを囲むライフスタイルは貧困を象徴するモチーフとして使われるようになる。アメリカの中流層の郊外生活は戦後の日本人にとって生活の理想像だった。アメリカ人は昔からこういう生活をしていたと思い込んだ人が多かっただろう。しかし、実はそれはアメリカ人にとっても新しいライフスタイルだったのだ。むしろ、だからこそ、それがテレビシリーズの舞台となったし、リースマンら社会学者の研究対象ともなった。

産業革命以前から、大都市の居住形態は、おおむね、中心部に高い階層の人々が住み、周辺部に低い階層の人々が住むという構成になっていた。しかし、都市の環境は猥雑で不潔なため、ブルジョワジーが勃興するにつれて、仕事は都心部で、生活は郊外でと職住を分離する動きが目立ち始めた。そこには、夫は仕事に専念し、家事は妻が女中を使って指揮するという家族内の分業が望ましいという観念が出現したことも関係している。一八二三年、ジョン・ナッシュによって設計されたパーク・ヴィレッジは、そのような郊外生活を念頭においたニュータウンの嚆矢であった。

従来、郊外に住むには自家用馬車が必要であった。おのずとそのような生活を営むことができるのは限られた階層になる。しかし、一九世紀の半ば、鉄道が都心と郊外を結ぶようになると、郊外生活はいきおい大衆化するようになる。二〇世紀に入ると、日本においても鉄道開発と住宅開発を連携させるビジネスは一気に脚光を浴びるようになる。現代の日本のニュータウン開発の手法の原型はここにある。

T型フォードの出現（一九〇八年）などによって早くから自家用車が普及したアメリカでは、別のタイプのニュータウンが可能だった。鉄道郊外に対して自動車郊外という呼び方もある。道路網の整備によって、勤労者は自分で車を運転して職場に通うことが可能になった。また都心に集中していた職場も、周辺部にオフィスを分散するなどの動きもあり、このライフスタイルは五〇年代から六〇年代にかけて、アメリカで急速に大衆化した。

この当時のニュータウンは、一九世紀初頭、イギリスで貴族の城館を模して作られたヴィラが実現した豊かな自然の中の生活と、二〇世紀の近代的、都市的な清潔さ、機能性が両立し、なによりも、アメリカ人の心のふるさとである、教会を中心とした緊密な地域コミュニティーがあるということがキャッチフレーズだった。しかし、実際には、孤独にさいなまれ、画一的なライフスタイルに飽き飽きした住人たちが多かった。その際だった落差に注目したホワイト、リースマンらの社会学者がこのようなニュータウンで盛んにフィールドワークをした。我々が昭和三〇年代にお茶の間のテレビから垣間見たのは、アメリカのこのようなニュータウンであった。

家族の居住史

家族関係の過去を振り返ると、我々は安直に、父親を中心とする家父長制的な家族関係が、現在見られるような愛情で結びつけられた家族関係に変化したと考えがちだ。しかし、実際には、もっと複雑なプロセスを経て現在に至っている。江戸が東京と看板を掛け替えたあたりから話を始めよう。我々が封建的だと思いこんでいる古い家族関係は、実は明治の民法制定から生まれた。だから、前の時代から引き継がれた封建的な要素はあるものの、むしろ、それは「近代」の「家族」という意味で「近代家族」の原型と呼ぶべきものだ。その特徴は、①他の親族からの独立、②ムラなど外部の共同体からの独立、③戸主権の明確化、という三点だ。ここから、それまで武家や大商人など一部の者にしか見られなかった、家を創り、それを継承していくという観念が、すべての国民に拡散した。これが日本の産業社会の培養器になる。この時、日本人は画期的な勤労の動機づけを獲得したわけだ。そして、そのような新しい形態の家族が居住したのは、江戸時代以来の「屋敷」と「町屋」であった。家族の居住形態はあまり変化しなかったが、その中身の家族関係は大きく変化した。まだこの時代、主婦なるものは都市の上級官僚などの家庭を除けば、ほとんどいなかった。

大正時代になると、中級ホワイトカラーが増加し、職住の分離が広まり、主婦というものが初めて社会的に認知されるようになる。本当の意味の「近代家族」はこの時出現した。育児や家事が個々の家庭内に取り込まれ、それらを専門にまかなう婦人という存在であった。ただ、この時期は、女中を使うのが一般的だった（第一次大戦後の不況期に、女中を雇うのをやめ、主婦が自分で家事をしようという社会運動が起きた）。その女中は一時代前の家族形態の出身者であり、社会全体を見れば，いわば家族形態の混在時代であった。新しい家族形態の便宜のために、お茶の間や応接間をもつ「中廊下型文化住宅」が現れる。また大正の末から昭和にかけて、郊外が住宅地として開発される。現在、高級住宅地として知られる田園調布や芦屋は、この時期に開発された、当時のニュータウンである。後に『サザエさん』や『ちびまる子ちゃん』に描かれる家族生活の原型はこの時形づくられた。我々がいまなお、家族という言葉から連想する家庭のありようは、この時代の家族形態であることが多い。年配の人が、昔の家族はよかったと回想するのも、この時期の家族である。それが昔からの日本人の家族形態であるかのように言われるが、それはたかだか数十年前、長めに見ても百年前に生まれたものにすぎない。

戦争によって日本の大都市は焼け野原になった。戦災によって焼失したのは、東京で言えば、山の手を中心とする中廊下型文化住宅と、下町を中心とする伝統的な町屋（長屋）であった。焼失家屋は二一〇万戸、大陸や戦地から引き揚げてきた家族の居住用を含め、不足している住宅は四二〇万戸。これが我々の戦後の出発点であった。また、民法が改められ、戸主権の廃止など民主主義的な改革も実施された。新しい家族のあり方が模索され、その家族のための新しい住宅の形態も模索された。その回答が「団地」であった。その原型は戦後復興のための応急的な公営住宅にある。一戸あたり四〇平方メートル程度の集合住宅。どちらかといえば町屋に近い大きさだった。しかし、鉄筋コンクリート造りの不燃構造。風呂、水洗便所つき、寝食分離というスペックは、あこがれのものでもあった。この時期、終身雇用制が急速に一般化し、社宅という居住形態も広まると同時に、夫は「外」、妻は「内」という観念も一般化し、家族関係も大きく変化した。後にニュータウンの住人となる「戦後型近代家族」出現の準備がされた時期だった。

戦後のベビーブーム世代が家庭をもつようになると、住宅の需要はますます高まった。しかし、急速な経済成長は地価を押し上げ、この世代の居住をいかに実現するかが社会問題化した。それに対する解決策として、大規模なニュータウンの開発が計画された。この純粋戦後世代が作った家族関係は、それまでの家族とはまた異質で、当時ニューファミリーなどと呼ばれた。その特徴は「友達家族」といった雰囲気にあるが、その背後に、①女性の主婦化、②二人っ子革命、③少産少死、といった現象があったことは見逃すことができない。これが現在ニュータウンに住んでいる第一世代である。リビングダイニングキッチンとプライバシーの高い子ども室で構成されるnLDKという居住形式がこの種の家族のために用意された。nLDKという形式の住宅はおそらく戦後最大のヒット商品の一つだろう。

こうして我々が見ているニュータウンができたわけだが、家族像の変化はそれ以後も続いた。新人類世代や、その下の団塊ジュニア世代が主導している変化だ。要約すれば、①離婚の増加、同棲や事実婚と婚外子の増加、子どもをもたないカップルの増加、といった家族の形態の多様化、②消費をはじめとする日常生活が世帯単位中心から個人単位中心へシフト、③専業主婦の減少（男女共働社会の出現）といった内容になる。現在のニュータウンでは、前述の典型的な戦後型近代家族、つまり、いわゆるニューファミリーが主流を占めるものの、このような新しいタイプの家族、いわば新ニューファミリーも増えつつあるようだ。

この新ニューファミリーは、はたして家族と呼びうるだけの「家族の実体」をもっているのだろうか。また、今、我々は非常に大きな社会の曲がり角を迎えている。終身雇用制の終焉、日本人の基本的なコミュニケーション・モードの変化、個と集団の関係の変化などなど。ニュータウンに関連するさまざまな問題の背後にはこのような問題が横たわっている。

都市があれば、その周辺に必ず郊外がある。だから郊外は都市の出現と表裏一体の形で生まれたと言える。しかし、そこが「よき場所」であるという感覚は近代以降に生まれたものだ。社会学の用語で都市近郊に住む人をサバービア（suburbia）と呼ぶが、シェークスピアの頃にはこのsuburbiaという言葉には侮蔑の意味があったという。研究社『新英和中辞典』でも、suburbiaと引くと、第一の訳語として「（軽蔑）郊外（住民）」とある。ある著述家は一七世紀の都市郊外の居住者を以下のように列挙している。古着屋、盗品のうけとり人、偽宝飾品づくり、贋金づくり、貨幣ごまかし屋、銀改造人、印章や手形や文書の偽造人、プロのすり、詐欺師、奇術師、魔術師、占師、乞食に売春婦……。要するに当時の感覚で「あやしい連中」は郊外の住人と決まっていたわけだ。芥川龍之介の「羅生門」にある、魑魅魍魎《ちみもうりょう》が跳梁《ちょうりょう》する城外をイメージすれば近いものがあるだろう。

都市と郊外のイメージはシーソーゲームで、都市が病んだ空間に見える時、郊外は緑したたる楽園であり、都市が堂々たる発展をとげる時、郊外は色あせた田舎でしかなくなる。あの高度成長期に全国の田園地帯からかき集められた若者たちは、東京で言えば、高円寺や荻窪といったあたりの四畳半一間や、粗末な社員寮の四人部屋からスタートし、結婚して子どもができると都県境の県側の、たとえば登戸あたりのアパートに住み、そしてこの多摩ニュータウンにやってきた。ここで子どもを高校や大学に通わせ、あれやこれやのモノを手に入れ、ちょっとした蓄えもし、そろそろ定年が見えてきたりしている。故郷を離れ上京したあの日から、ずいぶんと長い旅をしてきたことになる。ここが緑したたる楽園であれ、色あせた田舎であれ、彼らの旅の終着地点がこのニュータウンである。故郷の田園と、このニュータウンとを結ぶ遠い軌跡は、そのまま日本の社会の、この半世紀になっている。多摩ニュータウンの駅のホームから、延々と続く、高層住宅だらけの丘陵地帯を眺めると、少しせつない思いにとらわれるのはそのせいだろう。

二一世紀の初頭というめぐり合わせ

さまざまな変化が複雑に錯綜し、同時進行している状況では、生活者はその変化の方向感をつかむことが非常に難しい。それは複数の映画を同時に見ることにも等しいと述べた。こうなると、生活者は、中でも、すでに人格形成を終え、新しい環境に適応しにくい中高年世代のかかえるフラストレーションは深刻だ。

さまざまな変化の中でも、もっとも基本的な変化が生活の基本的なサポート体制が入れ替わったことである。それは村落共同体の成立以後、長く血縁・地縁連合体制に任されていたが、高度成長期の都市部への大量の人口移動を契機として職域一辺倒体制に移行した。終身雇用制のもと、我々の生活はカイシャと一蓮托生となったが、急速な経済成長の中で、人々の生活水準を比較的公平に上昇させていくことに成功した。

反面、人口を大都市へ送り出した地域では、高度経済成長の恩恵に乗り遅れることが懸念された。

当初、都市への出稼ぎが盛んに行われたが、これは家族離散や、農業の衰退の原因となった。有力企業の少ないこのような場所では、職域をサポート体制として期待することが難しかったため、選挙区を単位としてさまざまな恩典の分配システムが形成され、これはこれで一つの生活のサポート体制となった。公共事業、農業振興、村おこしなど大義名分はさまざまだが、中央政府からのカネの流れが作られた。こういった選挙区選出の議員や自治体の首長は、そのカネの運び屋といった役目を担った。

その他、商工業者や自営業者なども、大メーカーの系列に入ったり、業界団体などの組織を作り、これはこれで一定の義務を果たせばそれなりの恩典が得られるシステムができた。

このようなライフスタイルの五五年体制が、平成不況の過程で維持できなくなり、それに代わる生活のサポート体制が発見されないままに現在に至っている。おそらく、今後このような社会全域を覆うような生活のサポート体制が再構築されることはないだろう。それは何よりも成長期の「右肩あがり」の経済を前提とするものだったし、ほとんどの人が、昭和二〇年八月一五日にゼロから再出発をしたのだ、という共通の感覚をもてた時代が産み落としたのものだった。

そういった時代が過去のものになり、かつての総中流社会もやや変化のきざしが見えるところに来た。他の先進国と比較すればまだまだ日本は中流層の存在感がしっかりとしているほうだが、やや変化したというだけで「格差社会」とネガティブなレッテル貼りがされてしまう。ライフスタイルの五五年体制に対する我々の愛着がいかに強いかを示す現象だ。愛着は愛着として、それはもう過去のことなのだと覚悟を決める時期に来ている。高度成長期に起きたのはソーシャルキャピタルの「再編成」だったが、今、我々が経験しているのはソーシャルキャピタルの「空洞化」であると知る必要がある。

このような状況を迎えて、どのような反応を示すかには、いくつかのヴァリエーションがある。現在、かろうじて職場の利権の恩恵にあずかっている人は、そこに必死になってしがみつこうとする。その極端な例が、ここでフリーライダーと名づけたものだ。政治的圧力をかけたり、不法行為、脱法行為も辞さないいきおいで既得権益を守ろうとする。官僚機構に対する批判は、多くの場合、こういった醜いフリーライダーが、コスト感覚の働きにくい官僚機構の中に多く残存することを原因としている。フリーライダーを駆除するもっとも端的で効率のよい手法が市場の監視にさらすことなのだが、それについて我々はここへきてもなお態度を決めかねている。フリーライダーたちの巧妙なプロパガンダの影響もあるだろうが、市場メカニズムをどこに導入し、どのように運用するか、というテクニックがいまひとつ磨かれていないことも事実だ。

生活の基本的なサポート体制が空洞化していることを行政的に解決しようとすれば、一体、消費税を何パーセントにすれば可能なのだろうか。しかも、たとえ消費税を二〇パーセントにしたところで、その大半はフリーライダーに横取りされ蒸発してしまう。

不況期育ちの若い世代は、そもそも利権的な恩典など期待できないことを知っている。そこで、リスクを積極的に背負い冒険的なチャレンジをする若者が現れる反面、そこそこの生活ができればそれで満足という堅実な生きかたを選択する若者も現れた。そこそことはいいながら、それは親の世代が必死になって到達した生活水準のことである。親世代がそこに駆け上がるには企業戦士として命がけで奮闘努力しなければならなかったが、少子化時代の子ども世代は、持ち家や若干の金融資産を相続できる期待もあり、親世代ほどの切実感はない。

しかし、若者たちの間でも、この変化にうまくキャッチアップできた人と、そうでない人がいる。シビアな受験競争に参入したにもかかわらず、期待したほどの成果がなかったりするというケースがある。先に紹介したニート状態にある若者たちへの調査の結果は、受験の失敗や、就職活動のつまずきによってモチベーションを喪失する若者がかなりいることをうかがわせる。こんな時代だからこそ、より高い学歴を、とライフスタイルの五五年体制育ちの親は考える。従順な子どもはそれに従って頑張る。しかし、現在、学歴だけで採用を決定する企業はない。高度成長期の大量採用時代は、どのようなクラスの大学出身者をどれだけ集めるかが採用担当者の評価になったが、今や、そんな悠長な会社はない。ということは、少々評価の高い大学を出たところで、それだけで就職に有利ということでもない。

相互に孤立した核家族の増加という高度成長期の変化によって、若者たちは昔ほど誰もが順調に社会化されるわけではない。企業の人事担当者たちは、就職氷河期にそれに気づいたという。超買い手市場で、好き放題に学生を選べるはずなのに、なかなか納得のいく採用ができないのだ。半信半疑で採用した学生は、やはり、使えない。人事担当者の多くが「コミュニケーション能力が低い」という言いかたをしていたが、それは要するに、ソーシャライゼーション不全なのだ。そして、それは学歴と無関係であるどころか、高学歴なほどハイリスクであることにも経験的に気づいている。そこで、採用にあたっては、採用担当者曰く「まともな人間かどうか」をまず第一に見るようになったという。かつて若者といえば、その「反」社会性を懸念したものだが、今や、我々は「非」社会性を心配しなければならない。社会化は地域社会によってもたらされるというのが常識である以上、団塊世代がライフスタイルの五五年体制をあてにして、地域社会と無関係な核家族を形成した時、このことはすでに予定されていた。

かつてライフスタイルの五五年体制時代には、受験に注力することは、安定した人生を送るための非常に手堅い方法だった。総中流社会とはいいながら、どのような水準の生活ができるかは、どのようなランクの企業に就職するかで微妙に異なり、よい会社への通路がよい大学であるという現実があった。しかし、今や今日のエクセレントカンパニーが明日には経営破綻ということさえ珍しくないうえ、企業は、かつてほど社員を保護しようとは考えていない。そのうえ、少々名の通った大学を出たところで、自分の志望する会社に入れるわけではない。つまり、受験に注力することは、生活の安定性を獲得するという意味では、以前よりもハイリスクな投資になったのだ。

コモディティー化していく労働

若者たちの生きかたを難しくさせている要因には、日本の社会の固有の変化とは無関係なものもある。これははっきりと区別して考えるべきだろう。たまたま二一世紀の初頭に職に就き始めたというめぐり合わせの問題だ。それは生産活動が国の枠組みを超えてしまい、世界中の働き手たちと競争しなければならなくなったということだ。企業は、もし可能であれば、中国やインドなど労賃の安いところで生産する。かつてはモノやヒトの移動やコミュニケーションの時間的コスト、金銭的コストが国の枠組みを超えにくくさせていた。インターネットや交通手段の発達によって、それがあまり意識されなくなれば、おのずとコストの安いところに生産活動は移っていく。かつてとは異なり、昨今の若者たちは、中国やインドやその他世界中の働き手と価格競争を強いられている。本当は中高年世代も競争を強いられるはずなのだが、年功賃金制のなごりで、若者たちほどシビアではない。ということは、その分のコストも日本の若者たちは払わされているのだ。非常に低い賃金に甘んじることを強いられるワーキングプアがいるのは、そういう理由が大きい。中でも、中国やインドと直接競争になるような職種は、非常に厳しい。かつてなら、黙々とモノづくりをして生きていくことができたような人の職が国内には少なくなった。日本国内に残るのは、高度な専門職を除けば、サービス産業とその関連分野で、人間相手の仕事に向かない人も、否応なしにコミュニケーションがメインの分野で頑張らなければならない。

世界市場を相手にする企業は生き残りをかけて生産性の競争をする。極限までそれを追求すれば、仕事はどんどん細分化され、マニュアル化される方向に行きがちだ。かつては仕事で達成感を味わったり、仕事が自尊心を与えてくれたりしたが、このような状況ではそれも難しい。ロマンティックな仕事はどんどん減っていく。

「コモディティー化」という言葉がある。コモディティーとは小麦や原油や大豆などの〝ありふれた〟日用品のことだ。非常に高度な技術を投入して開発した家電製品やパーソナルコンピューターなども、多くの企業が参入して価格競争をするために、あっというまに価格が低下して〝ありふれた〟日用品的なものになってしまう。消費者としては歓迎だが、メーカーとしては開発コストが回収しにくい。大きなコストをかけて先端的な技術開発をするより、二番手として模倣戦略をとるほうがビジネスとしては有利な状況があるという。

工業製品だけでなく、昨今は、人間の労働も「コモディティー化」している。自分にしかできないこと、とは言葉としてはロマンティックだが、企業経営的にはリスキーだ。どんな難しい仕事も、誰にでもできるようにブレイクダウンしておく必要がある。人材や、人間の労働といった、ある意味、神聖視されてきたものが、ありふれた日用品のような扱いを受けるようになっている。仕事が生きがいになるといったことはますますありえない幻想になりつつある。それは小泉構造改革のせいでも、ハゲタカファンドのせいでも、外資系金融機関のせいでもなく、二一世紀の初頭の人間世界のめぐり合わせなのだ。

それを避けたいなら、なにがしかの自衛策をもつ必要がある。新入社員意識調査では「社会や人から感謝される仕事をしたい」という項目に肯定的反応（「そう思う」と「ややそう思う」の合計）を示す比率が九割程度ある。「あまり収入がなくても、やり甲斐のある仕事がしたい」という項目にも、同様に六割強が肯定的反応を示す。これは、労働や人材のコモディティー化という現象に対して、若者たちが漠然といだいている不安感が関係しているように思える。

仕事を生きがいとするというのは、ごく一握りの人々にしか許されない、とてつもない贅沢品になりつつある。しかし、採用募集広告はいまだに「当社は、仕事を生きがいと考えるようなモチベーションの高さを求めています」といった表現を好む。広告は基本的にウソで成り立っているというリテラシーのある人はいいが、そうでない人もいる。ニート状態にある若者たちの話を聞くと、仕事をするには、とてつもなく高度な野心というか、野望のようなものがないといけないのだと思い込んでいる人がけっこういる。そして、そんなものをもちあわせていない自分は、仕事をすることなどとてもできないのだと悩む。

ライフスタイルの五五年体制なきあと、自衛策というなら、結局、自分で自分の生きかたを考えるしかない。政府はあてにできないし、職場もあまりあてにできないということだけは、はっきりしている。自分の身の回りに、さまざまな形の互助的な関係をめぐらせて安全装置とする必要がある。

雇用の長期的な課題は何か

二〇〇八年の秋の世界金融危機をきっかけとして、世の中の空気がかなり変わったように思う。特に年末の日比谷公園の派遣村の光景の影響は大きかった。それは、かつての山谷の日雇い労働者の越年風景のニュースを思い出させた。若い人々には物珍しい光景だったかも知れないが、高度成長期を知る者にとって、年末年始の仕事がない期間を野外でたき火を囲んで過ごす日雇い労働者の姿は、「商魂たくましい」歳末商戦とならぶ、暮れの歳時記的ニュースの定番だった。

二〇〇八年の暮れは、それまでくすぶり続けながらも小康を保っていた生活不安が一気に噴出した印象だった。社団法人日本リサーチ総合研究所では毎偶数月に生活不安度指数を測定し発表している。それによれば二〇〇三年四月に一五九でピーク（不安度が高い）をつけた後、徐々に改善していき〇五年六月に一三二まで改善した。〇七年四月からは再び悪化し、〇八年一二月に一六五と、一九七七年四月の調査開始以来最悪の数値となっている。このような意識調査の結果も空気の変化を裏づけている。マスメディアの論調にもかなりヒステリックな言説が見られた。こういう時に感情に駆られて拙速に大きな制度変更をしたりするとたいてい失敗する。まずは対症療法で対応しつつ長期的な視点に立った冷静な状況分析をする必要がある。

数理社会学者の佐藤嘉倫は二〇〇五年のＳＳＭ調査（社会階層と社会移動全国調査）と過去のデータを比較することで、日本の最近の社会状況について、階層の固定化と流動化の併存とも呼ぶべき現象があることを指摘している。

以上、教育、若年層、転職、世代間移動、収入という五つの側面から現代日本の階層構造の流動性と格差を検討してきた。全体的に見て、冒頭で述べた仮説――階層構造の流動化はすべての階層で生じているわけではなく、特定の階層は依然として保護的な制度に守られているが、別の階層は高まる流動性に巻き込まれている――は支持された。（中略）これらの現象は、労働市場の中核を占める階層は安定していて、周辺に位置する階層で流動性がさらに高まっていることを示している。

（『社会学評論』五九巻―四号）

つまり全域的に階層の流動化が起きているわけではなく、中核部分（すなわち正規雇用＝終身雇用制の枠内にある部分）は依然として制度的に守られて安定的であり、若年層、低学歴、低熟練職といった部分にネガティブな流動化が起きつつあるということだ。おそらく、この変化がさらに進行したところに世界金融危機のニュースが伝えられたのだろう。佐藤の分析は、年齢、性別など綿密な統計的分析に耐える客観的な指標を採用しており、生活不安度指数のような主観的な指標をもとにした分析との落差が興味深い。客観的な状況と生活者の実感値との間にはギャップがあるわけだ。

第三章で指摘したように、非正規雇用者を正社員にしたところで決して問題は解決しない。企業は基本的には必要なだけしか人材を雇用しない。それを超えた雇用の社会的コストはどこかに転嫁される。非常にコストが高くリスキーな経営資源である正社員を無理に増やそうとすれば、結局は正社員の給与水準を下げざるを得ない。あるいは、物価の上昇か。

一方で、さまざまな分野で労働はコモディティー化する傾向にある。綿密な計算をしなければならないが、この流れの中でコスト的に見合わない正社員というものがかなり増えているのではないか。佐藤の指摘する「制度的に守られた階層」とは、おそらくは比較的安定した経営基盤をもつ企業の正社員で、これを守り続けるために不足するコストを転嫁させられているのが、ネガティブな流動化にさらされている非正規雇用の就労者だろう。もちろん、非正規雇用者の全体がそのような扱いを受けているわけではないが、エンプロイアビリティーの低いところにはしわ寄せが来ている。

一方で日本の労働人口は減少しつつある。財団法人厚生統計協会の試算によれば、平成一七年を基準とした労働人口（二〇～六四歳の人口）は、平成二二年には二六〇万人減（減少率三・三パーセント）、平成二七年には七〇〇万人減（減少率九・〇パーセント）である。ちなみに厚生労働省が発表した二〇〇八年十月から二〇〇九年六月までに失職する非正社員の推計値は一九万人である。この分野の課題は、長期的には人手不足の懸念のほうにある。もちろん深刻な人手不足の中でも職に就けない人々はいるだろうが、それは別の問題だ。むしろ、コスト割れの正社員を雇用する現状を放置すれば、将来、日本の産業がどれほどの生産性を維持できているかのほうが疑問だ。なにはともあれ仕事があれば、それを分かち合うこともできるが、そもそも仕事がなければ分かち合いようもない。

ポスト「モノ作り」の時代に必要とされる人格

世界金融危機は、金融業というものの意外な脆弱さを印象づけた。バブル崩壊後の後始末に手間取った日本の金融業界は、その後進性を「周回遅れ」などと揶揄されていたが、二〇〇八年秋以降はまったく聞かれなくなった。反対に、やっぱり「モノ作り」だ、という言説が力をもった。資本主義批判めいたトーンで金融業を貶め、一方で「モノ作り」を称揚されると違和感を禁じ得ない。趣味ではなく事業として「モノ作り」をすれば、それはなにほどか産業というものにならざるを得ない。

昔気質のモノ作りの精神は今や、ごく小さなマーケットしか持たない超高級品や美術品、工芸品にしか活かすことができない。日用品的な工業製品を生産するのに、そんなややこしい技術を使わなければいけないようでは、設計に失敗したということだ。

かつては街の時計店には無口で不愛想だが、腕のいい時計修理職人がいて、心配そうな顔をした紳士の「オヤジ直るか?」という言葉を聞きながら、拡大鏡を使って微細なメカニズムを覗き込んでいた。帝国大学の「恩賜の銀時計」もそうやって修理を重ねながら使われた。万年筆しかり。住宅しかり。七〇年代くらいまでは車もまたしかり。こういう時代には技を磨くことに大きな意味があった。まだモノ作りが、稲作農業的な感覚の延長上にある時代だった。

そういった古きよき時代が過去のものになった今、最近のハイテクメカニズムは修理に特別な技術を必要としないように周到に設計されている。そうしないことには製造物責任を全うできないからだ。かくして工業製品は、厳密に品質管理された部品のユニットをマニュアルに従って組み立てただけのものになった。それすら、かなりの程度自動化され、人間はその組立作業を監視するだけのことも多い。それが今、モノを作るということだ。熟練工の技に依存しなくてすむ生産方式は多くのエンジニアたちの夢であり、それがとうとう実現された。同時にメンテナンスや修理にも特別な技を必要としないような工夫がされた。全国あるいは全世界で、どこでも容易にメンテナンスのサービスを受けるためにはそれが必須の条件だ。街の時計修理職人も、名人芸的な自動車整備工も必要とされなくなった。必要とされるのは、ユニットを交換する技術か、もしくは、ユニット交換をするか、全体を廃棄するかを判断する技術だけになった。ここにも労働のコモディティー化が起きている。

農業生産の開始以来、我々は長くモノ作りの技を培ってきた。そしてここへ来てその技をあまり必要としない社会を作ってしまった。このことは人間の基本的な資質にも影響せざるをえない。律儀できまじめな態度を必要とするモノ作り。それはモノ作りの場面だけでなく、我々の社会生活の基本でもあった。我々は、モノをこつこつと作ることを基礎とする社会にふさわしい資質をもった人間を「よき人格」として連綿と再生産してきた。昨今の若い世代が、昔気質の世代にどこか冷笑的で粗雑な印象を与えがちなのは、彼らがポスト「モノ作り」の時代の人間だからだろう。

知恵を生産する活動も一つのモノ作りである以上、こつこつと律儀に努力する資質が必要とされる。技術開発、問題解決、クリエイティブワークといった分野だ。しかし、それは比較的少数の者だけが従事することを許される仕事であり、大多数の人にとって、仕事というものは砂を噛むようなことのくりかえしにならざるをえない。そういう人は、おのずと仕事はそこそこにしておいて、仕事以外のところに生活の軸足を置くことになる。ガーデニングもよし、草野球もよし、ボランティア活動などは最適だろう。人間関係も職場ではないところに多く築かれるだろう。

しかし、どんな仕事であれ、律儀にまじめにやる、という行動様式がないと非常に困ることになる。鉄道が定時に運行される。宅配便がちゃんと到着する。コンビニに商品が絶え間なく補給されている。こういったことがきちんと守られていることが、社会の信頼性を高めるからだ。そこはやはりあの禁欲的労働倫理というものと関係が深いのではないだろうか。仕事をなにほどか聖なるものと感じる感受性である。

資本主義は市民社会の禁欲的労働倫理から生まれた。これは、資本主義が離陸するためには、勤勉に労働することがよきこと、という社会通念があることが必要だという意味だ。しかし、いったん資本主義が離陸してしまえば、禁欲的労働倫理は必ずしも必要条件ではなくなる。すでにはっきりと形をもってしまった資本主義社会という環境を前提とできるからだ。一方、禁欲的労働倫理に代わって、消費社会がもたらす際限のない物欲が資本主義の強力な推進力になる。しかし、それもいつか一巡してしまい、豊かな社会に生まれ育った世代の時代になれば、物欲も次第に強力なモチベーションたり得なくなる。その時、資本主義は何を推進力とすればよいのだろうか。今そこに我々はいる。

つまり、資本主義は三段式ロケットのようなものなのだ。第一段では禁欲的労働倫理を推進力とし、第二段では際限のない消費欲求を推進力とした。そして三段目なのだが、ロケットならば、ここまでですでに地球の重力圏を脱出しかけていれば、あとは、さほど大きな推進力がなくとも、軌道を周回し続けることになるだろう。しかし、資本主義三段目の推進力が何なのか、まだよくわからない。そんなものはないのかも知れない。我々は、次第に高度を低下させ、どこかの水準で再び第二段に点火して、モノの獲得競争を再開することになるのだろうか。多くの労働がコモディティー化する中で、仕事を聖なるものと感じる感覚をいつまで維持できるだろうか。

リーマンブラザーズ社の一件などを見ると、禁欲的労働倫理なしに資本主義をドライブすると、いかにグロテスクなことになるかを改めて思い知る。資本主義は市場での勝負にいかに勝つかだけが問題で、またその競争こそが資本主義を健全に保つという原則は、禁欲的労働倫理を暗黙の前提としているらしい。我々が市場メカニズムや自由競争に今ひとつ信頼感をもてないのは、禁欲的労働倫理なしに資本主義をドライブすることもまた可能であるという状況があるからだ。

奇妙な終身雇用制回帰論

最近、終身雇用制に回帰すべきだとする議論が散見される。一向に出口が見えない長いトンネルに業を煮やして、という感じで噴出してきたようだ。諸悪の根元は、終身雇用制を捨て去ったことにあると言わんばかりだ。この種の議論の特徴は、主語が「企業は」とされていることだ。あらゆる企業はどうあるべきか、という発想で論旨が展開されているのだ。さまざまなメリットや、因果関係を挙げ、したがって、企業というものはおしなべて終身雇用制を採用すべきだ、と主張する傾向にある。

このような「すべての○○は……」といった全称命題で企業を語る言説は、それ自体が珍妙なものだと言うべきだろう。おしなべて企業は、おしなべて職場というものは、という問題の立てかたそのものに、こういった論者の無意識の前提のようなものを感じる。強いて言えば、それは、均質であることに無上の価値をおく考えかたのようなものだ。

企業組織はビジネスのツールに過ぎないのであって、それ自体が目的なのではない。どのようなビジネスモデルをもつのか、どのような収益構造をもつのか、どの程度の人員を必要するのか、どのようなワークスタイルなのか。企業は収益のためのツールだから、経営者は、目的に従ってもっとも合理的な選択をする。雇用形態もそのような選択肢の一つであるはずだ。

だから一般的に、ある雇用形態がどの企業にとってももっとも合理的だというような命題はそもそも成り立たないはずだ。一つの合理的な選択として終身雇用制を選択する企業があることは当然のことだし、今後も十分にあり得ることだ。ある時期の日本に終身雇用制を採用する企業が数多く出現したのは、そうなるだけの必然性があったからだ。それを無視して、常に終身雇用制が正しい企業のありかたである、といった言説は、やはり、「あの時代」へ回帰しようとするファンタジーでしかないように思える。生活のサポート体制は別に職場だけに求めなくてもいいのだ。それはどこかにあればいいのであって、職場はその一つの可能性でしかない。

それなのに職場だけが自分の唯一の心のよりどころでなければならないように思い込んでしまうのは、多分に心理的なトリックだ。分離不安という心理学用語がある。親がそばから離れると子どもが不安を感じて泣いたりすることだ。子どもの発達段階としてまったく自然なものだが、あまりこれが強いと困ったことになったりもする。普通は、生まれてからしばらくは見られないが、一歳から二歳にかけてピークを迎え、その後、次第に弱まり、小学校に上がる六歳頃には見られなくなる。

どのようにして幼児たちは分離不安を克服していくのだろう。心理学者のバウアーによれば、それは言語を身につけるからだと言われる。親の庇護のもとにあり、それなくして一日も生きていけないことを意識することから分離不安が生まれ、親以外の一般的な他者とのコミュニケーション能力を身につけることでそれが解消していく。仮に親がなくとも、周囲の保護を期待できることを知るからなのだろう

思えば日本の終身雇用サラリーマンは、不定期長期雇用されるうちに、その組織だけでしか役に立たない人材に仕立て上げられる傾向にある。そしてカイシャからの分離不安が刷り込まれる。システムエンジニアや経理職など技能職系の人はそれほどでもないが、多数を占めるマネジメント職はそうだ。昔から「サラリーマンはつぶしがきかない」という言いかたがされる。

しかし、これは、もしかすると、高度成長期の人手不足時代に考案された、経営者ないしは人事担当者たちの巧妙な分離不安マインドコントロールではないだろうか。たしかに企業ごとに独特の用語があったり、伝票の書式が違っていたりして、銀行の合併などでは長く混乱が続くといった話を聞く。しかし、ビジネスの本質というのは、個々の企業組織や、業界や、部署によって異なるものでもない。もちろん必要とされるスキルは、職によって千差万別だ。足りないスキルは身につけるか、その職をあきらめるか、という単純な問題にすぎない。そのレベルの問題を超えて、本質的に組織運営や、収益獲得のテクニックがまったく異質ということはあり得ない。我々は基本的に「近代の」「資本主義社会」に生きているのだ。

「サラリーマンはつぶしがきかない」という言いかたは、そのように思い込ませておいたほうが、他に行き場がないなら仕方ないか、と会社の言いなりになる、従順で扱いやすい人材をつくるための一種の神話ではないか。かつて「サラリーマンはつぶしがきかない」とうるさかった人事担当者が、リストラ時代になって、「いたるところ青山あり、さ」などと手のひらを返すようなことを言ったら、そいつの椅子を蹴飛ばしても許されるだろう。

〝自分さがし〟から〝なりわい〟へ

ある仕事のためにさまざまな企業の採用担当者、人事担当者、育成担当者といった職にある人々にヒアリング調査をした。どの企業も若手の育成に多大なコストと労力をかけていることがわかった。各種カウンセリングプログラム、コミュニケーションスキルの研修、はては一時やめていた社員旅行や運動会などの社内行事の復活などなど。大変結構なこととも思えるが、奇妙な話でもある。結局、どの努力も旧態依然たるカイシャ的ワークスタイルにいかに若い世代を適応させるか、ということが目標なのだ。そこまでして人格改造をしないと人材として活用できない組織のほうに問題がある。コストや労力を考えれば、組織を変えるほうがはるかに節約になるだろう。要するにこれは、ワークスタイルに選択肢が事実上存在しないことが招いている事態なのだ。

安定しているが（いまや疑問だが）窮屈でしんどい正社員、ライフスタイルの自由度はあるが低賃金で不安定な非正規雇用。いわば「前門の虎、後門の狼」でどっちにころんでもあまりうれしくない。そういう選択を若い世代は迫られている。中高年世代が迷わず前者を選択したのは、繰り返し述べたように、急速な生活水準の上昇期にあって、そのバスに乗り遅れたくないというモチベーションがあったからだ。

この不毛の選択を前にして、若い世代は、どちらにしてもしんどいならば意義を感じられる仕事をしたい、とメッセージしている。これは日本の若い世代が今なお、仕事は聖なるものという感覚をどこかにもっているからだ。この奇跡のような僥倖は大切にされるべきだ。

ところが労働のコモディティー化という流れが、その前には立ちはだかっている。ならば、と介護や福祉の現場で利用者との直接的な関わりがもたらすリアルな充実感をめざして難行苦行にあえて飛び込む若い世代が多い。しかし、これもまた切実な過酷さや、リアルな充実感とはほど遠い、流れ作業的な現場がもたらす失望感との葛藤となる。仕事で〝自分さがし〟をすることは非常にリスキーな試みでもある。かろうじて維持されている「仕事は聖なるもの」という感覚に打撃を与えかねない。我々の社会がこれを失えば、あとは一気に労働の質の崩壊へと向かうだろう。

これから先、団塊世代が老後を迎えると、その支援のためのコストはいくらあっても足りない。それを稼ぎ出すのは結局、次第に減少していく若い世代になる。それも相当に頑張ってもらう必要がある。新しい産業もどんどん起こしてもらう必要がある。そのために必要な準備は何か。ワークスタイルの選択肢を増やすことがまず第一の前提に思える。さまざまな若い世代が、それぞれ心おきなく頑張れるワークスタイルのプラットフォームを用意する。中堅以上の世代はそれだけは残す義務があるように思える。若者たちが逃げ水を追うようなことをしたがるのは、職場の現状があまりにも不毛だからだ。仕事とはまずは〝自分さがし〟である前にまずは〝なりわい〟なのだと、冷静な判断ができ、そのうえで何か自分なりの手応えを発見できればもうけもの、という感覚を身につけるためには、多様化したライフスタイルに応じた多様なワークスタイルがどうしても必要だ。

親に介護が必要になった、子どもが生まれた、家を手に入れようと決断した。人生にはさまざまなエポックがある。それに柔軟に無理なく適応するには、ライフスタイルに応じた働きかたが必要になる。もちろん、今は仕事が最優先事項という時期もある。それは人によっても多様だし、人生の時期によっても多様だ。

現状ではありとあらゆる種類の仕事が、たった一つの枠組みで制度化され、それ以外を一括で非正規雇用と名づけている。我々が心のどこかで本当にかすかにでも「仕事は聖なるもの」と感じ続けているうちに、この点を再考することが必要に思える。

おわりに

いつの頃からか、ニュースで謝罪会見なるものをしばしば見るようになった。多くの場合、その数日後に、トップの引責辞任会見という運びとなる。食中毒を招いた食品メーカーのトップ。リコールを隠蔽した自動車メーカーのトップ。公的な査察に虚偽の報告をした銀行のトップ。株式の所有について不正があることを長期にわたって隠してきた企業グループのトップ。賞味期限を偽装した菓子メーカーのトップ。食材の産地を偽った老舗料亭の女将。ひとくちに企業人のモラル・ハザードとくくられるが、モラルの破綻というよりは、閉じた組織の中だけで人生を過ごしてしまったことが招く、社会の変化への不適応という現象のように見える。所属する組織の内部で高い評価を得ることとひきかえに、それ以外の場所では奇妙なふるまいしかできなくなる。そんなことを感じさせる人格だ。彼らは、その組織内では気配りの人だったりするのだが、朝、出掛けに隣家の奥さんと顔をあわせても、会釈ひとつできないタイプではないだろうか。

今、我々が一番見たくないもの、一番グロテスクに思えるものは、組織を目隠しにして、その内側で傍若無人のふるまいをする人物である。ましてや、それが権勢欲や名誉欲や金銭欲を満たそうと〝しがみつく〟姿であればなおさらだ。高い地位にある者がこそこそするところに小ずるい品性を見て、卑しさを感じる。つまりそれは美しくないのだ。一昔前なら、組織の目隠しがうまくそういう姿を隠してくれていたが、今や、インターネットなどを通じて、ほとんどつつぬけである。その変化に気づいていないところがますます美しくない。

我々の審美眼は、そういうものを唾棄する程度には洗練されてきた。しかしその洗練の道のりは決して短いものではなかった。我々の多くがその〝しがみつき〟からようやく脱出したばかりなのだ。トップたちのグロテスクな姿は、ちょっとばかり縮小されたものだが、つい先日までの我が身の姿そのものであることをちらりと思い出したりする。

東大法学部を卒業し、日本を代表する企業に勤務する、まさに企業戦士的な友人がこんな話をしていた。中学生の息子の成績があまりぱっとしないので、もっと勉強するようとに言うと、彼はこう反論したという。

「お父さんは勉強はよくできたわけだよね。なら、僕は勉強はそこそこでいいや。だって、お父さんあんまり幸せそうじゃないもん」

このような感受性をもつ若い世代が出現したことは、社会の変化に順調に適応が進んでいるという意味で、まったくもって慶賀すべきことだ。モノの豊かさが幸福を約束してくれた時代が過ぎ、実に多様な「幸福」なるものを、それぞれがそれぞれに追求する。入試の競争にほとんどの若者が否応なしに参入せざるを得なかったのは、ライフスタイルの五五年体制のもと、モノの獲得競争に後れをとらないためのもっとも堅実な対応策が、そこそこの学歴を身につけることだったからだ。その法則があまりリアルでなくなった時、さまざまな選択肢が浮上してくるのはごく自然なことだ。

モノの豊かさがおおむね満たされたのが七〇年代半ば、遅く見積もっても八〇年代半ばだとするなら、変化への適応が順調に進んだとはいうものの、ずいぶん時間がかかった。高度成長期のプロセスがあまりにも急速で、しかも成功裡に完了したからだろう。成功体験を忘れることはそのくらい難しいことなのだ。何世代もかかる。

この息子は父親を一人の人間として冷静に観察することに成功している。これもまた血縁のしがらみや、世間の無言の圧力という、我々の社会の持病に感染していないという意味で、おおいに慶賀すべきことだ。持病とはいいながら、それはもう一方で、微温的なシェルターを提供してもくれてきたため、なかなか我々はこの世界とオサラバすることができなかった。若い世代は、これを決して否定するのでなく――かつて団塊世代が若者時代に正面きって否定しようとして失敗している――つまりは、適度な距離感をおくようになったのだ。おいしいところはちゃっかりいただき、ネガティブな面は拒絶する。無用の抵抗を招く「否定」のスタンスに立たないその戦術は実に賢明なものだ。若い世代の「擬態」が有効に作用している場面だ。

意識と現実のギャップをどう調整するか。変化の激しい半世紀を生きた我々が今になって抱える重い宿題だ。若い世代がひょいとこなしてしまうことが、上の世代には至難の業だ。微妙な弦のチューニングのような作業を支えるのは、結局のところたしかな審美眼のような気がする。

利害の対立や、価値観の対立を煽る手法はもはやあまり有効ではない。それは結局のところ、ばかばかしいバトルのグロテスクな光景を見せてくれるだけだからだ。一対一の格闘技ならまだ、つかのまのカタルシスにはなるかもしれないが、党派と党派のバトルなど、多くの人にとって、まったく「いただけない」ものになっている。

本文でも述べたように、今、我々のつながりのもっとも基礎にあるのは「感受性の絆」のようなもののような気がする。インターネットに接続できる環境をもっている人の多くが、毎日いくつものブログをチェックしたくなるのは、それが「感受性の絆」になっているからだろう。マスメディアは大きな組織なので、そこから発信されるものには個々人の感受性は反映されにくい。なにがしかのフィルターがかかったり、ノイズが入ったりする。ブログは、膨大なアクセスをもつカリスマ・ブロガーのものを除けば、多くのものがとりとめのない日記か、メモのようなものだ。でも、それは、あくまで一個人のものである。そこには、一対一でスパークしあえる「感受性の絆」が連鎖するような体験がある。共感できるとか、触発されるとかでなく、ましてや意見が一致することでもなかったりする。今のところ、感受性の絆が連鎖する、としか言いようのない体験である。あなたと私が、ある部分で

merge（一体化する）されるというか。

不思議なことに、それは、居心地のよい場所にいるような安堵感につながる。アメリカにおいてブログが爆発的に拡散したのは9・11をきっかけとしている、という話もうなずける。この本の続編を書く機会があれば、人間どうしが、利害や思想ではなく「感受性の絆」で結ばれるようになることの意味や、それがどんな影響をもつかを探求してみたい。物心ついた頃からウェブサイトを見て回り、メールで人間関係やコミュニケーションを覚えた世代が、我々の社会の主流を占めるのにさほど時間はかからない。

江戸時代の町人の審美眼はあなどれない。江戸の残り香のある落語や歌舞伎に接する時、そう思う。あるいは、モノに込められた智恵の深さとか、ちょっとしたデザインがもつ豊かさ。審美眼とはいわば生活感覚のようなものだ。特別なゆとりをもつ人々ではなく、江戸の庶民がそういうたしかな審美眼をもっていたことに驚かされる。

社会が大きく変化する時、たとえそれが望ましい「発展」であっても、我々は変化の大波の上でサーフボードを操ることで手一杯になる。審美眼が磨かれていくなどということは、社会がある程度水平飛行を続けている時に限られるのだろう。江戸の美意識のルーツは桃山時代にあったりするのだろうが、洗練されたのはやはり、大坂夏の陣が終息した後の長い泰平の世、つまり元和偃武以後のことではないか。

モノの獲得競争の時代を卒業するというのも、一つの元和偃武である。そのあとにやってくるのは、おそらくは長い停滞の時期なのだろう。しかし、それは必ずしも不幸な時代ではないはずだ。すでに若い世代は、そういう時代の生きかたをつかみかけているように見える。それにともなって、美意識が洗練されていくこともありそうな気がする。この後の水平飛行や、時には降下飛行をする中で、我々がどのようなライフスタイルをつかみとっていくか興味は尽きない。

長々と堂々巡りをしながら、この半世紀、我々がどのような環境を生きてきたかを眺めてきた。働くことにまつわる若い世代の考えかたの変化を理解するには、これほどの長い物語を語らなければならなかったことに自分でも驚く。社会のありようを論文ではない文章で言語化することの困難さも改めて感じる。敗戦後、食うや食わずのところから再出発して、ライフスタイルの基礎である仕事というものの意味を考えなおすところまでおよそ半世紀。いましばらくは暗中模索が続くだろう。

岩間夏樹

二〇一〇年一月

参考文献

（書　籍）

安倍晋三『美しい国へ』文春新書、二〇〇六年。

足立己幸『知っていますか子どもたちの食卓——食生活からからだと心がみえる』日本放送出版協会、二〇〇〇年。

岩崎民平他監修『新英中辞典』研究社、一九六七年。

岩間夏樹『新卒ゼロ社会——増殖する「擬態社員」』角川新書、二〇〇五年。

上野千鶴子『おひとりさまの老後』法研、二〇〇七年。

『週刊東洋経済』二〇〇五年九月二四日号。

落合恵美子『21世紀家族へ——家族の戦後体制の見かた・超えかた』有斐閣選書、一九九七年。

神島二郎『近代日本の精神構造』岩波書店、一九六一年。

岸紅子『美の知力』大和出版、二〇〇六年。

小宮隆太郎『アメリカン・ライフ』岩波新書、一九六一年。

佐藤嘉倫「現代日本の階層構造の流動性と格差」『社会学評論』五九巻四号。

関口功『終身雇用制——軌跡と展望』文眞堂、一九九七年。

エミール・デュルケム、宮島喬訳『自殺論』中公文庫、一九八五年。

中野孝次『清貧の思想』草思社、一九九二年。

羽渕一代「青年の恋愛アノミー」岩田考他編『若者たちのコミュニケーション・サバイバル——親密さのゆく

え』恒星社厚生閣、二〇〇六年。

速水融『歴史人口学で見た日本』文春新書、二〇〇一年。

藤原正彦『国家の品格』新潮新書、二〇〇五年。

R・K・マートン、森東吾他訳『社会理論と社会構造』みすず書房、一九六一年。

D・リースマン、加藤秀俊訳『孤独な群衆』みすず書房、一九六四年。

（マンガ）
さくらももこ『ちびまる子ちゃん』集英社、二〇〇九年。

西岸良平「三丁目の夕日」『ビッグコミックオリジナル』小学館、一九七四年〜。

萩尾望都『トーマの心臓』小学館文庫、一九九五年。

長谷川町子『サザエさん』朝日新聞社、一九九四年。


（TVドラマ）

「アイ・ラブ・ルーシー（I Love Lucy）」NHK、一九五七年放送。

「パパは何でも知っている（Father Knows Best）」日本テレビ系、一九五八年放送。

「ビーバーちゃん（Leave It to Beaver）」日本テレビ系、一九五九年放送。


（映　画）

『ALWAYS 三丁目の夕日』山崎貴監督、山崎貴・古沢良太脚本、東宝配給、二〇〇五年公開。

《著者紹介》

岩間夏樹（いわま・なつき）

1955年　東京生まれ。
東京大学文学部社会学科卒業。
東北大学大学院行動科学研究科博士課程単位取得満期退学。

1984年　社会学研究者に社会調査の機会を提供する同人組織としてライズコーポレーション株式会社を設立，代表に就任。
以後，企業，官庁，シンクタンクなどの多数の調査研究プロジェクトに参画する。

現　在　法政大学大学院政策科学研究科，同政策創造研究科非常勤講師（社会調査法），都立荏原看護専門学校非常勤講師（社会学）。厚生労働省ニート自立支援事業「若者自立塾」および「地域若者サポートステーション」専門委員。東京都庁ひきこもり支援事業「コンパス」専門委員。内閣府子ども・若者支援地域協議会の運営方策に関する検討会議委員。

著　書　『戦後若者文化の光芒——団塊・新人類・団塊ジュニアの軌跡』（日本経済新聞社）1995年。
『新卒ゼロ社会——増殖する「擬態社員」』（角川新書）2005年。
『若者のトリセツ』（生産性出版）2009年，など。

若者の働く意識はなぜ変わったのか
——企業戦士からニートへ——

2010年４月20日　初版第１刷発行　　検印廃止

定価はカバーに
表示しています

著　者　岩　間　夏　樹
発行者　杉　田　啓　三
印刷者　藤　森　英　夫

発行所　株式会社ミネルヴァ書房
607-8494　京都市山科区日ノ岡堤谷町１
電話代表　(075)581-5191番
振替口座　01020-0-8076番

亜細亜印刷・新生製本

ISBN978-4-623-05646-0
Printed in Japan